湛庐文化
Cheers Publishing
知识让世界更简单！

CHOCOLATE FORTUNES

The Battle for the Hearts, Minds, and Wallets of China's Consumers

巧克力之战

[美] 劳伦斯·艾伦(Lawrence L. Allen)◎著
冷迪◎译

中国人民大学出版社
·北京·

推荐序

世界五大巧克力巨头的中国竞争战略

安杰尔·卡布雷拉博士
雷鸟商学院院长及教授

玛丽·蒂加登
雷鸟商学院国际贸易教授
《雷鸟国际商业评论》主编

可可的全球之旅开始于500多年前，当时西班牙征服者把可可种子从美洲中部带回西班牙。后来，这个象征着西方世界堕落和放纵的甜品从此进入欧洲。不过，直到20世纪的最后二十几年，可可才来到中国。

今天，中国规模庞大的市场深深吸引着全世界商界领袖的目光，巧克力行业的领导人也不例外。雷鸟商学院的校友劳伦斯·艾伦在这本《巧克力之战》中描绘了一幅惊心动魄的画卷：在20世纪的最后二十几年，国际巧克力巨头孜孜不倦地尝试俘获中国消费者头脑、征服其味蕾的历程。事实证明，这一历程对多数厂家而言，是个西西弗式无休止的挑战。整部书内容翔实、语言生动、情节扣人心弦。

这个故事由雷鸟商学院的校友来讲述可谓恰到好处。因为在过去的 62 年里，雷鸟一直致力于培养能够突破重重障碍、搭建合作与理解之桥、开创促进在世界各地繁荣发展新事业的国际领袖。雷鸟的教学方法综合了国际观念（能够欣赏文化和制度的差异）、国际组织管理能力（能将差异转化成创造价值的机会）、国际协调能力（能够跨越边境束缚，搭建具有成效互信关系的能力）以及国际公民身份（致力于为跨国贸易中涉及的所有合作伙伴创造稳定价值）。**艾伦的职业生涯，就是雷鸟商学院故事的终极体现**。他在职业生涯中凝炼出来的诸多经验，对于在异彩纷呈的国际贸易舞台上奋斗的众多管理者而言，价值相当可观。

30 年前的中国在对西方打开国门后，经济逐步从落后走向繁荣，艾伦把这个演进的历程巧妙地融入故事之中：他通过中国巧克力行业的视角，透析了中国的变化。包罗万象的《巧克力之战》通过一个丰富多彩的故事，讲述了中国不断发展的社会、文化、经济动力，巧克力行业内主要国际竞争对手之间激烈的贸易竞争，以及两者之间的相互影响。艾伦将巧克力行业中众多竞争者的具体实践、思维模式及其竞争所处的中国环境穿插比较，使得本书集可读性与知识性于一身，引人入胜。

《巧克力之战》讲述的复杂故事，几乎是所有行业进军中国这个最具挑战性市场的缩影。艾伦掌握了世界五大巧克力巨头——费列罗、吉百利、好时、雀巢和玛氏的第一手资料，呈现出五种进军市场的方式，记录下不同的管理传统如何影响每个竞争者所走的道路。艾伦还用事实说明，领导者的决策为何对公司的成败有着同样重要的影响。他对在中国存在的常见挑战也进行了深入描述——如地方山寨现象、噩梦般的物流管理、文化差异带来的挑战、大量当地竞争对手的涌现，这为所有考虑进入中国愈加复杂市场的企业提供了可借鉴的普遍经验。

中国和它的市场环境提供了一个完美的实验室，在这里，各种市场纷纷进入，“试验”竞相展开。中国经济的发展引人注目，异乎寻常的速度让绝大多数早期研究中国的学者和商业投资者根本无法想象，这 30 年里中国前进的步伐有多快、变化幅度有多大。如此一来，巧克力行业的经历也就不难理解，它已经引起了消费者对巧克力的浓厚兴趣和强烈偏爱。巧克力行业的竞争者进入中国时面对的是白纸一张，这就给每一个竞争者提供了千载难逢的良机，它们可以用对自己有利的方式来塑造现实消费者。**艾伦综合了巧克力行业在这个特殊时期、关键时刻的经历，为营销人员、策略制定者和领导者提供了非凡全面的比较。**用这样扣人心弦的方式记录和呈现如此复杂的故事非常难得，讲述这个故事的人必须要有敏锐的洞察力，而且要亲眼目睹了巧克力行业近期的所有得失、亲身经历过中国当代经济和社会发展过程中的所有起伏。劳伦斯·艾伦就是这样的人。

CHOCOLATE
FORTUNES
The Battle for the Hearts, Minds, and Wallets of China's Consumers

目 录

站在巧克力之战的最前线

在过去的25年里，中国经历了从计划经济到社会主义市场经济翻天覆地的变化，这一变化把中国13亿人口中大约3亿人口变成了饥渴的消费者。从糖果到汽车，他们对所有的消费品都求之若渴。引用一个新词，他们是“初级巧克力消费者”（chocolate virgin），涌入这个国家的任何巧克力公司，只要同时兼具产品质量可靠、营销业务熟练、产品制造和分销独具眼光这几种优势，它就有机会塑造这些消费者的巧克力品位。简而言之，中国是一个重要的前沿阵地，一个几乎具备无限开发潜力的市场。在这里，世界领军的巧克力公司发动了争夺中国消费者心灵、大脑和味蕾的重要战争。胜者获得的战利品，将是一代又一代超过10亿的潜在消费者。

尽管在过去的二十几年里，中国实现了从经济落后到经济富强的根本变革，但中国毕竟还处在发展阶段。形象地说，现如今中国有不到5 000万人生活在21

世纪，有大约 3 亿人生活在 20 世纪的各个阶段，还有将近 10 亿人生活在 19 世纪后半叶。不过，中国过去 25 年里经历的经济复兴用“令人震惊”来形容最恰如其分，尤其是从 20 世纪 50 年代至 70 年代这个国家所经历的经济与文化重创来看。然而，事实证明，那段时期不过是黎明前的黑暗，在邓小平的领导下，从 20 世纪 70 年代末，中国开始在世界经济的舞台上崛起。

中国的改革史无前例，而当时要在这样一个经历着从中央计划经济到社会主义市场经济转型、社会全面变革的大国创建外国公司，也同样史无前例。

开启蕴涵财富的新市场

在 1998 年至 2006 年的 7 年里，我先后担任好时、雀巢这两大世界巧克力生产商的管理人员，在中国的“巧克力战争”中身先士卒。也就是说，在这场争夺中国 2.5 亿新兴消费者的心灵和味蕾的战争中，我战斗在最前线。

这本书讲述了全球五大巧克力巨头——费列罗、吉百利、好时、雀巢和玛氏，在争夺占全球人口五分之一的中国市场时，为树立自己品牌、把握千载良机而展开的殊死较量。这本书还展现了象征西方世界堕落与自我放纵的巧克力，被引进到当时崇尚消费节制且物资匮乏的中国后，所带来的东西方文化碰撞的内幕。

在 20 世纪 80 年代第一次踏上中国国土时，我只是一个初出茅庐的工商管理硕士。那时的我 20 岁出头，算是美国“自我的一代”(me-generation)，渴望在这片广阔的经济新领域冒险并寻找财富。而当时的中国，正处在社会经济改革的早期试验阶段，在这里经商，意味着必须要在仍不完善的政府政策中艰难跋涉，同时又要在不断变换的经济、政策形势中尝试寻找买家，尤其是要对“含糊其辞”给予最大程度的容忍，这是至关重要的。

我早期的两次经历可以说明，当时在中国经商会有“爱丽丝梦游仙境”般的遭遇。这是发生在两个城市的故事：一个是在北京，中国计划经济的中心；另一个是在深圳，中国经济改革的风口浪尖。

• 北京 •

在雷鸟商学院的最后一个学期，我与别人合伙创办了跨国贸易服务公司（Transnational Trade Services）。这是一家综合贸易公司，它“富丽堂皇”的总部就坐落在亚利桑那州我的学生宿舍内，我最有希望的客户是一个美国文物买家。毕业之后不久，我就和同学（同时也是我的商务合作伙伴）李建民一同赶赴中国，去寻找中国的文物资源。

一到北京，我们就去拜访了李建民以前的一个朋友，他是一家国有贸易公司的分部经理，我们想知道他能不能帮我们找到文物并想办法将其出口到国外。他的办公室就在一座毫不起眼的平房里，墙壁都被煤烟熏黑了。这个头开得并不顺利，我们没能从那里找到发财的门路。尽管他彬彬有礼地接待了我们，但是，凭借李建民忠实可靠的翻译和我还凑合的普通话底子，我很快就看清了这位男士的身份：一位一辈子都舒舒服服地依附于官僚制度下，中等官衔的官僚。在我们的谈话过程中，我越来越留意到这个人背后的那幅毛主席画像，他那么真实而又颇具象征意义地凝视着我。自始至终，这个人说起话都是那么拐弯抹角，不置可否。

> 他说，我们提出的业务对他和他的部门来说都很新鲜，需要获得不同机关里不同人的批准，这不是件容易的事，需要慢慢来。寻找我们所需文物的过程也很耗费时间，即使获得批准且手头有货，出口的程序也非常繁琐。我们看到的是商机，他看到的却是重重障碍。我们想，说不定一起吃顿饭能取得更大的进展，所以就邀请他共进午餐。当离开办公地点来到附近的一家餐馆时，我们却发现后面跟着他的有十来个同事，他似乎把办公室附近的人都邀请过来了。他们点了太多的菜、开了太多瓶酒。当吃完午饭分手时，他们提着满是剩菜和剩酒的食品袋。或许，那天晚上他们全家都能幸福地分享这一顿“剩宴”了。

我反思到底哪里出了问题。后来我意识到，对很多中国人来说，打破固有习惯肯定是困难重重，极具风险。除了一顿免费的午餐和足够家人享用的剩饭，这位男士不想从这次会面中获得任何东西。要是出了点什么差错，他就麻烦上身了。但如果他什么都不做，他还是能够享受政府发放的工资、提供的住房和其他好处。为什么还要冒险呢？很显然，要在中国做生意，我还有很多东西要学。

• 深圳 •

就在这次会面后不久，我随着台湾一个旅行团到香港旅游，那时香港还是英国的殖民地。花了几天时间购物观光后，我们又登上了一辆公共汽车，准备跨过边境进行深圳一日游。

在20世纪80年代，深圳是中国为改革开放而开辟的一个经济特区。靠近边境时，负责旅行团的导游给每个旅客发放了一摞文件以及500元港币（大约65美元），除我之外每个人都有份。我问为什么忘了我，一位同行的旅伴给我解释说，政府鼓励来自台湾、香港和澳门的同胞到中国大陆帮助祖国的发展。为了表示鼓励，允许第一次到大陆的同胞，即使只是观光客，携带免税的摩托车、电冰箱和其他高价的消费品入境。这些现成的货物都在边境另一边的香港等候着，汽车上分发的这摞文件就是报关用的。导游给有资格的旅客发钱，为的就是让他们将文件带过海关，这些文件必须在海关"盖戳儿"。表格上列出的货物不属于旅客，旅客只是当时被"鼓励"充当为旅行社运送文件的工具。到了边境另一边，中国大陆的旅行社就把这些盖过戳儿的文件收集起来，再把他们交给香港那边的贸易合伙人。之后这些文件就可以用来将相关的免税商品带进中国。其实，这就是成功利用了那些到中国大陆游览的港澳台同胞的免税身份，而发展起来的免税进口贸易模式。其贸易总额达数百万美元，利润非常丰厚。

这次经历和我之前在北京的经历大相径庭。当时的深圳，正处于经济改革的旋风之中。而另一方面，如光阴逆转一般，北京看上去却深陷坚如磐石的中央计划经济和僵化的官僚主义中不能自拔。这种复杂的"两重天"现象让人不由得发问：在中国经商的正确道路是什么？这是我从那以后一直去致力寻求答案的问题之一。因为现如今的中国，依然是这两种地方并存而生。正如争夺中国市场支配权的五大巧克力公司后来发现的那样：在中国，没有简单的答案，只有无穷无尽的问题。

没有简单的答案，只有无穷无尽的问题

也许在中国改革时期最广为人知、但也最常被误解的表述，就是邓小平说的那句简单却有力的话："不管黑猫白猫，捉到耗子的就是好猫。"这是用最通俗的语言支持经济实用主义的简明哲学论述。

有的西方权威人士误以为这句话暗示着中国即将放弃共产主义，实行全面的资本主义。然而事实并非如此。直到逝世，邓小平都是一个坚定的共产主义信仰者。尽管早在1961年他就说过这句话，但是直到1978年开始，这个黑猫和白猫的比喻才在中国人心目中具有了重要的象征意义，它向那种已经存在了几十年的、企图通过阶级斗争建设平等社会的、自我毁灭式的狂热观念发起了挑战。回顾过去，它还象征着曾经被僵化教条主义驱动的中国社会，从经济和社会一片混乱的灾难时代转向了史无前例繁荣发展的改革时期。这种改革一直持续到今天。

毫无疑问，在1978年时，中国通往繁荣发展的道路还不明朗，对过往的挑战还不够坚定。然而，对邓小平及拥护其改革的人们而言，有一点确凿无疑，那就是：关于经济理论无休止的讨论该结束了，是时候该释放中国人民积聚的活力、能量、独创性、创造力以及灵活性了。就像邓小平谈及即将展开的改革时说的一样："我们必须摸着石头过河。"

中国向经济强国的转变历时30年，而巧克力市场的发展不可避免地与这场声势浩大的社会经济改革，以及整个变革的各个阶段紧密联系在一起。对世界领

军的巧克力公司而言，中国是一个拥有无限可能的新领域。事实上，直到今天，这个国家的增长潜力还是异常惊人。然而，这场巧克力战争不仅是为了争夺中国消费者的心灵、头脑和味蕾，也不仅是五大巧克力公司的商业争夺，它更是国际巧克力公司为探索中国商业成功之路进行的艰苦斗争。

每一个参赛者踏上战场时，都配备着自己独特的精良装备。

意大利巧克力制造商费列罗公司拥有独一无二的产品费列罗榛果巧克力，这是一种用典雅金箔纸包装的精美榛果巧克力，这种高端球形巧克力对全世界的消费者都有着巨大吸引力。

吉百利巧克力来自大英帝国，早在殖民时期就出现在中国境内的英国飞地上。好时公司提供了非凡的美国巧克力棒，尽管在国际市场上的销售纪录不尽如人意，但是抱着“中国人肯定需要好时巧克力”的信念在中国找到了自己的道路。

雀巢公司是以瑞士为基地的国际食品巨头，公认是世界上最大的巧克力销售商，它为国际市场带来了庞大的资源和广泛的经验。玛氏，美国家族巧克力巨头，享有强硬的街头霸王的美誉，对中国市场抱有必胜的信心。

争夺中国巧克力市场的战争，对所有打算在这个最具活力的市场上做生意的人都有借鉴意义。然而，在这里，通往成功的道路不止一条——这个国家太庞大、太复杂、发展太迅速了，所以简单的“万金油”商业模式根本行不通。但是，巧克力战争的故事具有高度的教育意义。

打开中国巧克力市场的故事并不是一个简单的商业故事：它打开了一扇瞭望中国的窗户。这个世界上人口最多的国家拥有的经济和政治影响力越来越强，而且，它在影响世界格局和全球未来发展方面发挥着强有力的作用。中国的命运与世界的命运，从来没有如此紧密地交织在一起。而且这么多年来，巧克力的生存之道，也从来没有与一个国家从贫穷到富强的改革有着如此紧密的联系。

The Battle for the Hearts, Minds, and Wallets of China's Consumers

01 当巧克力邂逅中国 一场争夺消费者忠诚、信任与金钱的殊死较量

当五大巧克力巨头来到中国时，拥有无限潜能的中国市场提供了一个公平而崭新的竞技场。在这场争夺中国消费者的心灵和味蕾的战争中，到底谁能够把握住这个千载难逢的稀世良机，坐享数亿潜在消费者带来的巨大红利?

巧克力简史

巧克力以前是一种饮料，是用可可树的种子制成的。可可树原产于南美洲，在当地已有几千年的种植历史。16世纪中期，西班牙人把它带到了欧洲。在欧洲，它成为大受皇室和贵族喜爱的异国风味饮料。到了18世纪中期，它才成为欧洲巧克力屋出售的日常饮料。

最早可以吃的固体巧克力，大约也是在同时间出现在欧洲，不过巧克力热饮演变成我们今天熟知的牛奶巧克力还经历了一个世纪的试验和发展。制作牛奶巧克力的第一步就是将可可豆分离成两种成分：可可脂和可可粉。然后将它们重新加水复原，同时混合进不同比例的牛奶（炼乳或者奶粉，取决于加工工艺）和蔗糖。

巧克力的品质主要由三个因素决定：可可粉颗粒的大小、混合时间的长短以及可可脂含量的高低。颗粒越小，口感越光滑、细腻；混合的时间越长，味道越浓郁。因为可可脂的熔点低于人的体温，巧克力所含的可可脂越多，入口即化的感觉就越明显。可可脂弥漫在嘴里，包裹着味蕾，赋予了巧克力让人回味无穷的美妙余香。

巧克力从欧洲上流社会的奢侈饮料，逐渐发展成今天人们在收银台边唾手可得的常见食品。巧克力无论是包装成情人节的礼物，还是做成复活节的巧克力兔，抑或是用红绿相间的金箔纸包装好迎接圣诞节的到来，不可否认，它已经成为西方国家生活中不可或缺的一部分。

如今，主宰巧克力行业的依然上个世纪创造这个行业的那些公司。五大巧克力公司中的三家公司——吉百利、好时、雀巢，制作牛奶巧克力的时间几乎一致，都是在19世纪最后20年。相对而言，玛氏算得上是后起之秀，1911年成立公司，1923年它带着最受欢迎的银河棒（Milky

Way）登上了巧克力舞台。费列罗公司则出现得最晚，在20世纪40年代才成立，1982年公司推出了费列罗榛果威化巧克力。再加上以卡夫品牌而闻名的菲利普·莫里斯（Philip Marris）[①]，仅仅六个巧克力公司就占据了世界巧克力零售市场80%的份额。巧克力行业，是一个古老而又稳固的行业，它的主打产品和品牌都经受住了时间的检验，有些品牌历史已经超过了百年。

五大巧克力公司能够保持主导地位的一个原因，就是大批量生产高品质巧克力的工业生产方法资本支出庞大，同时，精妙又高度复杂的加工工艺不容易被复制和掌握。它们的统治时间之所以这么长，主要原因就是消费者对其巧克力的口味有着不一般的强烈偏好，许多消费者对自己喜欢的巧克力品牌一辈子都矢志不渝。因此，即使巧克力的味道和口感只有极其微小的变化，经常购买这种巧克力的消费者也能觉察出来。例如，有位挚爱澳大利亚吉百利纯牛奶巧克力的消费者到英国旅游时，还会随身携带大块澳大利亚产的吉百利纯牛奶巧克力。要知道，英国才是吉百利的故乡。这种对口味的偏好在巧克力爱好者中非常普遍。利用消费者对巧克力强烈的爱慕之情（人们往往对椒盐饼干和口香糖之类的食品不会这么热情），一旦五大巧克力公司让一代代消费者认同了自己产品的口味，其他有潜力的竞争者想挤进来就非常困难。

对五大巧克力公司而言，中国人对巧克力的品牌意识和口味偏好还没有形成，这是它们把自己塑造成几亿潜在巧克力消费者心仪品牌的黄金时机。不过，除了中国现存的经济和基础设施带来了重重挑战，中国截然不同的文化和传统也将检验巧克力公司管理人员的营销技巧。

---

① 隶属菲利普·莫里斯公司的卡夫食品集团，几经波折于2010年收购了吉百利公司。——译者注

争夺潜在的消费者群体

从19世纪中期起，很多地方都流传着一句殖民地时代的名言：如果每个中国人的衣服边角都增添一英寸，那么英国的纺织厂就会赚个盆满钵满。这种过于膨胀的野心，是觊觎中国市场数个世纪的外国公司所特有的。

但事实上，殖民地时代英国商人的货物，很少能销售到分散在中国沿海的外国飞地之外。对他们而言，多数中国人在距离上和文化上都远离沿海、遥不可及。例如，中国的服装面料具有自己独特的风格，服装的款式也自成一体。可能除了经常和外国人打交道的少数人，多数中国人对英国的纺织品都不是很感兴趣。对几乎所有中国人而言，这些英国纺织品都太贵了。简而言之，中国人口中的绝大多数都是这些英国商人无法接近的：无论是在距离上、文化上还是经济上。

一个多世纪后，还有将近10亿的中国人（总人口约13亿）依然如此。这些人仿佛还生活在19世纪，多数外国企业依然无法接触到这些消费者。即使五大巧克力公司有机会将自己的产品摆放在这些消费者面前，由于他们没有被培养过这方面的鉴赏力，所以巧克力对他们而言是如此陌生，丝毫不能引起他们的兴趣。谁会花将近一天的工资去买一块巧克力呢？因此，争夺中国消费者青睐的战争只能局限在主要城市的新兴消费阶层中。

中华文明是人类最古老的文明之一，可能也是持续保存至今最为古老的文明。一系列帝国王朝接连不断地相继统治着这个国家，其历史可以一直追溯到几千年以前。这条封建统治的链条直到近代才被打破。直到20世纪90年代，中国的大街上还经常会看到瘦小的老太太踮着缠过的小脚蹒跚而行。这种缠脚的风气直到1911年中国的最后一个封建王朝清朝灭亡才逐渐消失。

中国拥有复杂又辉煌的历史，中华文化传统源自孔子的儒家学说，这便与西方基督社会有着截然不同的发展轨迹。中国文化与西方文化之间的巨大鸿沟一直往下延伸，直抵最基础的文化价值观，其中就有关于食物的价值观。基督教文化是在“人类的生存不仅仅只靠面包”这个信条的基础上发展起来，即物质丰富只是生活的一部分，暗含之意就是精神需求的满足也至关重要。与之相反，中国人对待食物的态度是“民以食为天”，即生活中最重要的事情归根结底就是填饱肚子。尽管对于现在生活在繁华国际化大都市的中国居民而言，这种观点有点陈旧文化残余的意味；但对这个国家的大多数人，尤其是那些贫穷的农村人而言，这种观点依然存在，并且一直与他们的生活息息相关。很多中国人打招呼时都说“吃了吗？”这就是一个典型例子。**五大巧克力公司的管理人员若要制定成功的计划、**

用中国消费者可以理解的方式介绍自己的产品，就必须深知这种基本文化差异的重要性。然而，中国与外面世界的一些具有重大影响的差别，与其说源于古老的文化特性，不如说是源于近代的历史。

中国在20世纪50年代～70年代一直与世隔绝，经济发展也僵滞不前，这就保证了五大巧克力公司在中国都是一样的不为人知。也就是说，**由于巧克力在中国没有任何历史和传统，所以20世纪80年代巧克力首次露面时，在几乎所有中国人眼里它都是一种完全陌生的产品。**费列罗、吉百利、好时、雀巢、玛氏，这五大巧克力公司中的任何一家，只需在中国露露脸，就会对中国巧克力市场的发展贡献一臂之力。

然而，如果哪家公司希望把自家品牌打造成中国最受欢迎的巧克力品牌，并且最终获得这场巧克力战争的胜利，它就必须在自己的产品和中国新兴的消费者之间搭建一座饮食和文化的桥梁，找到一种有效方法，确保能够成功应对中国经济体制快速变革所带来的错综复杂而又不甚明朗的局面，而且还需要通过了解这个国家的近期历史，最大程度地去了解消费者的普遍经历。

中国市场真正的竞争时代开始了

1978年，邓小平是中华人民共和国的最高领导人，他开始推行发展实用型经济的规划。此时，他面临着重建中国经济的机遇和挑战。中国人民在此之前已经经历了几十年的战争、经济倒退和发展停滞。20世纪三四十年代的战争损失了大约 2 000 万条生命，20 世纪 50 年代的多数时间相对稳定，中国得到了一个短暂喘息的机会。但很快，整个国家就陷入接踵而来的三场灾难之中，这三场灾难在中国几代人身上烙下了不可磨灭的印迹。

第一场灾难是“大跃进”运动（1958—1960 年），为了做到这一点，政府对两个经济部门全面通管。“大跃进”的基本做法就是将社会重新组合成一个个公社，让每一个公社从钢铁制造到粮食生产都能自给自足。然而，这种巨大的努力却混乱不堪，效率低下。中国的工业几乎没能创造什么价值，而强加给农民的那些未经实践证明的激进农业技术，反而导致农业产量直线下跌。最终，这些经济和社会稀奇古怪的试验所获得的零星收获也被挥霍殆尽。

第二场灾难是中国的“大饥荒”（1958—1961 年）。“大跃进”期间中国工农业的全面试验加上极端恶劣的天气状况，给中国经济和中国人民造成了巨大的损害——大饥荒到来了。很多人认为这是人类历史上最严重的饥荒之一。对大饥荒中饿死人数的估值变化很大，但几乎可以肯定的是，这三年期间的死亡人数就在中国政府估算的 1 500 万到各种机构独立估算的 4 000 万人之间。

最后一场大灾难就是“文化大革命”（1966—1976 年）。1966 年，在声势浩大的宣传号召中，中国青年一代上山下乡。毛泽东思想成为社会的指导思想。在文化大革命的高峰期，出现了全国规模的社会、文化破坏活动，这段时间中国经历了史无前例的恐慌、骚乱和痛苦。

在 20 世纪 70 年代末的世界舞台上，中国国力极度衰弱，当时的农业是个烂摊子，工业也因为管理不当和效率低下，大部分技术都已经陈旧过时，人们被折磨得伤痕累累。中央控制的计划经济彻底失败了，需要之后耗费几十年的时间才能建立起切实可行的商业法律体系。同样，要改变多数中国人除了勉强糊口不敢奢望其他的生活方式，以及与世隔绝的生活状态也要耗费几十年的时间。邓小平和社会改革者所面临的任务艰巨得令人畏惧。

邓小平首创的第一个政策“四个现代化”，就是将工业、农业、科技和国防都推进到20世纪。不过，当时距离苏联解体还有十几年，中国是第一个尝试社会主义市场经济的国家。将教条式的计划经济转变成邓小平预想的社会主义市场经济，没有现成的经验可以借鉴。尽管邓小平具有远见卓识，但是也许他也没有预见到，中国会发展到我们今天看到的这种程度。

中国的改革开始于1978年，在过去的30多年里分成三个阶段一步步展开。从五大巧克力公司的角度看，这三个阶段也可以分别叫做20世纪80年代的“试验期”、90年代的“临界期”，以及从21世纪开始直至今日的“突破期”。

> “试验期”的标志，就是在中国经商要面临重重困难，比如复杂的官僚制度，模棱两可的管理体系以及整个国家普遍混乱的状态（尽管这比起之前的严峻形势已经好多了）。当时中国的基础设施陈旧不堪，想打个国内电话都很困难。甚至很多办公室都雇用了全职话务员，因为要打通一个电话经常需要半个小时以上。再比如，像从北方往南方运送一卡车商品这样简单的活动，还需要在沿途各个省份的边界一遍遍换车越库配送，因为很少有卡车能拿到在全国各省畅通无阻的通用牌照，司机要跨省份行驶需要获得行使许可证。

“试验期”普遍的混乱状态，部分归咎于市场体系以及法律监管方面缺乏经验，而法律监管的混乱，则是文化大革命时期社会骚动引起的。朝令夕改的政策和规定使得情况进一步恶化，很多人，无论是在中国做生意的外国人还是中国人，都感觉没有什么稳定的指导方针或者限制。尽管困难重重，生意还是要继续做下去，在香港和中国南部诸省之间的多数生意都还很成功。

此时是香港的黄金时代，因为向中国进口商品的现代丝绸之路正是取道香港。随着 20 世纪 80 年代邓小平的经济改革初见成效，为了适应国家日益增长的出口需要，工厂如雨后春笋般纷纷涌现，人们的腰包开始鼓起来了，他们也愿意花钱买点进口消费品。被抑制的需求原来如此巨大，导致所有进入中国的商品都会立刻一抢而空，虽然当时进口商品的数量也不多。**在整个“试验期”中，因为人们具有强烈的好奇心，消费品制造厂只需要简单地制造出可用的商品就能大获成功。**

经过了十几年的时间，中国经济开始出现质变。政治经济的改革，基础设施的发展，以及外国投资需要的不断积累，让中国的经济机器运转得更加平稳，而不再动不动就熄火了。一度难以寻觅的原料和资源逐渐供应充足，工厂的电力供应也更加稳定可靠；大城市里出现了更多的办公场所，外资公司也不必再把宾馆房间当作办公室；城市间的航空运输线路也变得更多更可靠；基础的商业设备也慢慢配备到位。在这个“临界期”，商业团体也把目光从“不能做什么”转移到“能做什么”上来。对外国的消费品公司而言，此时中国市场的各项指标已经达到了吸引它们营销和分销自己产品的水平。中国市场真正的竞争时代终于开始了，这也意味着境内市场和营销、销售及分销管理已经开始了。

为了在中国飞速发展的消费者市场占据有利位置，抓住更多的机会，原来只是将产品进口到中国的外国企业，开始在中国建立商店。外国企业和产品刚刚出现就在中国老百姓中获得了很高的声誉和可信度，但是到底它们能不能配得上这种声誉和可信度则另当别论。同时，它们也面临着众多的挑战。在中国建立公司意味着要雇用员工（既有在中国工作的本国员工又有中国本地员工），还要创建有效的跨文化公司机构。

第一个主要挑战就是为公司的中国机构找到合适的领导人。当时很少有公司内部本身就具备在中国有实战经验的管理人才，因此，多数公司只能“二选一”：要么就派一个了解公司及业务，但对中国一无所知的本国员工，要么就雇用一个了解中国但对公司和业务一无所知的中国员工。这是五大巧克力公司不得不做出的最为重要的抉择，因为它们的中国公司领导人，以及随着时间推移，公司可承受的领导人连任期和领导质量，都会对中国巧克力战争的最终结果产生深远的影响。

在雇用中国员工时，五大巧克力公司还面临着一个重要的挑战：公司需要做出有意义而持久的承诺，从而保证快速建立中国机构。文化大革命对中国教育体系产生了破坏性的影响，再加上现代商业实践方面的基础知识有限，中国国内的人才资源极为缺乏，尤其是商业管理、金融、营销以及销售方面的人才。人们希望外国企业的管理人员和技术人员，能够为公司及技术操作等方方面面提出权威性的指导意见。参加外国公司面试的人员，只具有基本的英语语言技能和饱满的热情。因此，要实现经济改革的目标，除了政府制定的四个现代化，中国还需要实现第五个现代化——教育现代化。在这个方面还该感谢外资公司，为了培训自己的中国员工，这些公司投入了大量的时间和精力，它们不仅提供在职培训和国内培训项目，而且为员工提供攻读 MBA 的机会，甚至是将一些极具潜力的员工送到海外深造。结果，20 世纪 90 年代不断涌现的外国公司大大加快了这方面知识的传播。十几年间，它们帮助培养出了中国第一代接受过良好教育、经验丰厚、有远大抱负的员工。不得不说，他们是中国经济取得瞩目成就的关键因素。

不过，推动消费品产业，尤其是巧克力行业，加速增长的最重要催化剂也许是从“临界期”开始逐步形成适宜的零售环境。20 世纪 90 年代中期，中国各地涌现出大量的小卖部和社区店。全中国环境优良的零售商店，如配备了空调的大型商场和高端超市不过几百个，但还有大约上千个便利店。这些零售商店主要坐落在北京、上海、广州等大城市里，它们逐渐成为巧克力接近中国消费者的途径。

在中国改革的现阶段，也就是“突破期”，市场情况又发生了翻天覆地的变化。在 20 世纪 80 年代，各个公司仅仅为了打个电话就必须雇用一个话务员，而现在，中国各地使用的手机总数达到了 4 亿部（比美国总人口还多 1 个亿）。而且，随着越来越多高素质的资深中国管理者担任起跨国公司的领导职务，30 年来外国业务经理一统天下的局面正渐渐接近尾声。相比之下，这些中国管理者更能紧跟中国飞速发展的动态市场的步伐，能够抓得住不断涌现的机会，从而领导中国经济持续增长、创新和变革。到 2010 年，中国 GDP 已经位居世界第二位，仅次于美国。

不过，这个阶段重要的不仅仅是中国经济取得的成就和节节攀升的统计数据，更重要的是人们形成了新的思维模式，并改变了世界对中国地位的看法。“中国只不过是廉价出口产品供应国”的传统看法也得到了根本改观。事实上，2010年中国经济增长已经占到全世界经济增长总量的25%。如今，中国经济已经成为世界工业增长的主要动力，是世界经济必不可少的组成部分。

“突破期”是中国人思维模式发生大变动的时期，他们对自己以及自己世界地位的认知都发生了巨大改变。一系列重大的事件体现并强化了中国人前所未有的自信心和自豪感，比如北京举办2008年夏季奥运会，载人飞船发射成功（将飞行员送进太空目前只有三个国家能做到），联想收购IBM个人电脑制造业务等。中国不再是以前那个饱受战争蹂躏、政治混乱、经济匮乏等因素摧残的落后国家，中国人也不再像过去几十年里那样感觉低人一等，他们在世界舞台上已经拥有了自己的优势。

“民以食为天”VS异域的高贵礼物

经过几千年的发展，中国的烹调手法花样繁多，菜品种类数目惊人。把巧克力成功介绍到中国面临着无数的障碍：烹饪和文化方面的障碍、人口统计方面的障碍、经济障碍、社会障碍、逻辑障碍以及基础设施上的障碍。了解中国的烹饪艺术，是巧克力公司主管在中国消费者的食谱上为巧克力找到切入点的关键开始。

中国最主要的民族就是汉族，汉族占中国总人口的92%，55个少数民族人口只占总人口的8%。虽然中国的民族组成相对单一，但是中国的烹饪传统却远非如此。中国23个省的口味偏好差异很大，但总的来说，北方省份口味偏咸，南方省份偏爱的口味是甜、鲜，中国腹地（四川）和东部诸省偏爱食辣，西部省份喜欢吃酸。尽管这些口味偏好以及受此影响的烹饪风格很可能会影响中国各地的巧克力消费。但是，在巧克力总体渗透度极低的情况下，很难再去仔细区分任何独特的风格。

具有讽刺意义的是，尽管中国的食品具有如此花样繁多的味道和口感，巧克力的味道对中国人而言还是相当陌生。所以，把它添加到中国消费者菜单上的唯一途径，就是将其作为具有异域风味的外国稀罕物。**为了让自己的巧克力对中国的消费者更具吸引力，五大巧克力生产商的市场营销手段及产品必须与中国人对“巧克力具有异域风情”的这种普遍看法保持一致。**这对它们而言也是一个有利之处，因为中国公司不具备外国公司的这种资质，突破不了消费者的成见，无法成为消费者认可和信赖的巧克力制造商。这就使得中国巧克力公司基本上都处在中国巧克力零售市场的边缘，对五大巧克力公司而言，它们构成的威胁即使有也是微乎其微。

对巧克力引入起到巨大影响的，是中国文化崇尚的“阴阳”之说。这种观念从中药延伸到了食材。据说，入药的都是原封不动的各种动植物，只要是平衡了体内的“阴”和“阳”就能长保健康。“阴”指体内的寒性状态，而“阳”指体内的热性状态，两种状态都可以通过消耗的各种食品来调控。阴阳失衡对身体有害，会导致各种不适和病痛。例如，在感冒期间，身体里就郁结了过多的“阴”气。经期、孕期及各种食物都能加重阴虚，所以要禁食甜瓜、芦笋以及冷饮之类的食物；而为了保持身体平衡、恢复身体的阳气即“热”，则应多吃羊肉、辣椒和巧克力之类的食物。相反，遭受痤疮、皮疹、过敏症、高血压折磨的人是阳火过盛，应该禁食阳性食物，多吃阴性食物。

绝大多数中国人对这些说法都深信不疑，因此，这就影响了人们消费巧克力的习惯。其中最主要的影响就是，因为相信天热的时候不要多吃热性食物，巧克力的消费在夏天大幅减少。结果，巧克力公司的管理人员就不得不围绕夏季销量急剧减少的情况调整自己的营销计划。

20世纪80年代，进口巧克力首次在中国亮相。在中国人眼里，巧克力是一种奢侈品，人们把它当成馈赠他人的礼品而不是自己消费，所以巧克力价格高也就合情合理。这样，**礼品馈赠就成了巧克力最初进入中国的文化途径，在中国人形成对巧克力的第一印象的过程中，来自国外的巧克力礼品起了决定性的影响。**人们对巧克力的期望就是它应该是进口商品（或者至少有一个外国品牌）、价格高昂。最重要的是，它还要如实呈现“品尝巧克力是愉悦享受”这样的承诺。

虽然馈赠礼品的具体形式各不相同，但是这一传统在中国各地却相当普遍。礼品馈赠在中国社会内部起着类似社会推动力的重要作用。尤其是在商界，它是将业务关系人性化并且增进合作伙伴间熟识程度的一种重要方式。在这种商业背景下，中国人送礼的传统相当复杂，起主导作用的就是“面子”因素。例如，在重要的商业谈判开始及生意结束的时候都有互换礼品的传统，人们费尽心思保证礼品要得体，要让送礼方和收礼方都不丢面子。给社会级别更高或影响更大的人送礼时标准要提高。此外，企业在节日和其他重要场合要给当地的官员送礼，算是给企业的运转增加润滑剂。

很多外国人很难理解中国的送礼规矩，由于它有着深厚的传统及迷信渊源，冒然前行会险象重生。比方说，过生日送钟表是最大的不敬，因为它隐含着“送终”的寓意。对中国人来说，这更像是咒某人去死而不是祝福生日快乐。因此，外国人在中国挑选礼物时最明智的做法就是一直征求当地人可信的建议。

在全世界多数成熟的巧克力市场上，用作礼品赠送的巧克力在总销量中的比重不到10%，剩余部分都是用做个人消费的巧克力。与之形成鲜明对比的是，在20世纪80年代到90年代初，中国作为礼品赠送的巧克力销量占了巧克力总销量的一半还多，尤其是在节日期间。对送礼人而言，巧克力象征着富裕和时髦的上好品位，礼品包装越华丽高贵越好。很快，巧克力就和价格高昂的中国白酒、进口香烟以及高品质的茶叶平起平坐，成为受人欢迎的礼品。

但是，单独一家巧克力礼品公司并不能构成整个巧克力市场，只有中国人开始大量购买巧克力用来个人消费的时候，中国巧克力消费的潜力才能完全展现出来。销售礼品巧克力不需要购买者喜欢巧克力，只要他愿意花这个钱就行。既然出现新一代的消费者才能提高用于个人消费的巧克力销量，所以，首先要花更长的时间来培养人们对各种外国口味更开放的接纳态度。

忠实的消费者基础在哪里

在20世纪50年代至70年代的几十年里，中国苛简节约，中国人习惯了食用种类有限且主要是土生土产的食物。他们的日常食物主要是少量的大米和面条，一些蔬菜和豆腐，搭配一点猪肉、家禽肉或者是鱼肉。食物的种类不仅少而且还备受季节的限制。即使到了20世纪80年代，在一年一度的秋收之后，北京还是满大街的大白菜。所有的房顶、胡同、院子、门口都是堆得高高的大白菜，连续几个月的早、中、晚餐的菜单上有什么也就一目了然。习惯了这种日常饮食的老人觉得巧克力的味道、口感过于极端，尤其是甜味太外国化。后来，在20世纪80年代后期到90年代早期，由于人们的可支配收入不断增长，食物种类也逐渐增多，中国的年轻人最终成为巧克力公司的主要市场目标。他们的口味没有被几十年来有限的食物种类限制住，而且在很小的时候他们就品尝过更多的味道。20世纪90年代，随着中国经济的飞速增长，这些不断涌现的消费者开始挣到更多的零用钱，巧克力的个人消费开始取得巨大的进展。

尽管很难想象一个没有兄弟姐妹、表兄表妹甚至没有叔叔阿姨的社会是什么样子。但是两代人之后，中国将会成为世界上唯一一个多数人口都来自独生子女家庭的国家。20世纪70年代后期开始推行的计划生育政策，是为了控制人口增长而采取的严厉措施。整体上来说，这个政策已经取得了成功。这一政策推行的结果就是导致中国变成了所谓的“4-2-1”社会：四个祖父母、两个父母溺爱一个通常被称为“小皇帝”的宝贝孩子。这些“小皇帝”是年轻的消费者，人数多达一亿。他们发号施令、施展吵闹父母买东西的能力，从而控制着六个成年人综合消费力的很大一部分。他们非常喜欢西方快餐和零食，本身就是一股强大的经济推动力。他们是第一代吃着巧克力长大的中国消费者，很可能在他们的有生之年，中国巧克力的消费模式就发展得与成熟巧克力市场的消费模式并无二致。赢取了这些“小皇帝”的心灵，并征服其味蕾的巧克力公司在未来的几十年里肯定会在中国打下忠实的消费者基础。

难以估算的巧克力市场规模

时至今日，中国巧克力的销量依旧相对较低。作为一个人口超过十亿的大国，中国每年消费的巧克力只有 1.46 亿磅（6 650 万千克），人均消费巧克力 1.8 盎司（50 克）。而人口不到 800 万的瑞士每年巧克力消费的总量就达 1.67 亿磅（7 600 万千克），人均消费巧克力 22 盎司（10 千克）。相比而言，美国一年大约消费 30 亿磅巧克力（14 亿千克），人均消费巧克力 11.7 磅（5.3 千克）。不过人均消费数也不能完全说明问题，因为即使中国人有意购买巧克力，他们也没办法就近找到它。

五大巧克力公司在评估中国商机的时候，瞄准的是“地理可达”的消费人群，即产品的营销和销售相对容易影响的消费者。如果按照以上定义，中国市场的人口就少得多了：20 世纪 80 年代最多 1 亿，20 世纪 90 年代不超过两亿，2000 年之后最多 3 亿（或者说跟美国的人口差不多）。即使这样算，也极大地高估了中国的巧克力市场潜力，因为能就近购买到巧克力的绝大多数中国消费者都不太可能购买巧克力。要么就是因为他们年龄较长、排斥外国食品，要么就是因为他们可支配的收入水平不高。

因此，尽管对巧克力公司而言，中国地理可达的人口数目庞大，但是真正巧克力消费者的数目在 20 世纪 80 年代可能只有 1 000 万到 2 000 万，90 年代约有 2 000 万至 6 000 万，今天的巧克力消费者也不过 1 亿人口，约占中国总人口的 8%。就在这比例相对较低的人群中，巧克力的人均消费也低于国际平均水平：大约只有每人 1.5 磅（700 克），是美国人均巧克力消费的 1/8。

就连估算中国巧克力市场规模这样的基础操作都如此困难，这正是国外巧克力公司经理们面临的最大挑战之一：缺乏基本的商业信息。虽然巧克力公司从中国政府那里得到的数据显示了中国进口巧克力的数量，但是，当五大巧克力中的几家公司开始在中国制造巧克力时，这些数据却显得毫无用处。尽管政府巧克力销量预算显示，每年巧克力市场增长幅度是15%～20%，但这些数字却没有提供重要的细节，例如这些巧克力在何时何地出售，在什么样的零售商店销售，是用作馈赠礼品还是个人消费。在主要巧克力市场，这样的数据五大巧克力公司的管理者了如指掌，这些资料来自类似尼尔森（ACNielsen's Scantrack）这样的机构。在中国，这样搜集资料的机构几乎没有，所以管理者们只能靠其他渠道获取信息，从而协助自己调整销售、市场营销和分销计划。

通过人口数据来推测中国巧克力市场的规模确实极为不可靠，谁也无法保证上海市巧克力的销量与重庆市巧克力的销量具有可比性，尽管这两个城市的人口数量相当，但两个城市之间收入水平、配备空调的商场数目、群众对外国产品的熟悉程度之间存在诸多差异，这导致重庆巧克力的销量要远远低于上海。中国各地的商业条件差异太大以至于根本无法通过人口统计做出准确的估算，相反，这些估算更可能会误导公司管理者，而不是为其提供准确的信息。

由于很难找到可靠的数据，具有创新精神的巧克力公司管理人员转而将目光投向零售商店，这些零售商店是巧克力市场数量信息的最好来源。

品牌策略

借零售店估算市场规模

一个简单但却行之有效的方法，就是计算在某个特定地理区域里，能够出售巧克力的零售商店的数量，并估算一下这些商店的销量（比如派个人在几个具有代表性的商店里待上一两天，记录消费者购买巧克力的数目），然后利用这些估算值来推算这个地区恰当的市场规模。在估算市场规模上付出了这么多心血，得出的结论就是市场增长的常量每年在 15% ～ 20% 之间。对试图主宰中国巧克力市场的五大巧克力公司而言，更重要的却是让增长率远远超出这个幅度。

今天，中国零售商店已经发生了巨大的变化，很多商店也已经能够提供扫描器记录的数据。沃尔玛可以定期向生产商提供每星期的分类销售数据。然而，在 20 世纪 80 年代末到 90 年代初，五大巧克力公司的管理者初到中国时，面临的是极为落后的零售环境，他们必须迅速培养自己随机应变、适应环境以及凭借直觉行事的能力。**如果管理者试图过度细致地分析中国市场，就会有被自己的分析羁绊住的风险**。还没等他们全面实施自己的计划，中国飞速发展的消费者市场就让他们望尘莫及了。

70%的巧克力都是冲动购买

巧克力不是必需品，人们购买它主要是为了满足情感上的需求，体验那种心满意足又纵情享受的快感。**巧克力行业内部公认的一点，就是大约 70% 的巧克**

力是消费者在冲动之下购买的；不同巧克力产品（即使是同一家公司生产的）独特的品牌和包装设计都是激发冲动购买的关键因素。要想成功地从冲动购买行为中获利，产品包装必须能够给人留下与众不同的直接印象。如果消费者不得不仔细查看包装来弄清楚这是不是自己想要的东西，那股冲动劲儿通常就消逝了。一旦消费者确定下自己最喜欢的巧克力产品，包装本身就能触动冲动购买的欲望。销售的公理极为简单："看到了，我就买。"推出这个公理的结论就是越能吸引顾客的注意力并触发其欲望，销量就越高。这就是为什么人们在各种地方都能看到同一种糖果，无论是在同一个购物中心、购物区或者在超市、在文具店的收银台边，还是在杂货店、音像店、加油站，甚至是在办公用品店，它们都反复出现。

商战角力

CHOCOLATE FORTUNES The Battle for the Hearts, Minds, and Wallets of China's Consumers

在超市里，巧克力货区就是各个巧克力公司店内销售策略的终极秀场。在这里，消费者能够买到的所有某一品牌的产品都集中展示在一个地方，但是商店里有货并不能保证就能卖得好，必须要让人看得到才行。行业研究显示，进入超市的顾客中只有 22% 会沿着巧克力货廊走一趟。这就意味着，如果巧克力公司只把产品摆放到巧克力货区，就会有将近 78% 的顾客没有机会看到他们的产品，这就是为什么巧克力公司花费巨资将自己的产品摆放到超市中任何可能摆放的地方，尤其是货架面向的主要交通通道，或直接对着结账通道的一端。当然，还有靠近收银台的陈列区——那些顾客触手可得的地方，把商品摆放到这里就有更多机会诱惑人们去冲动购买。这样的地方是公认的热门地点，因此，也是巧克力等冲动购买型商品激烈争夺的地方。

在经济发达的国家，这已经形成了一门科学，它的目标就是通过掌控现代的零售环境最大程度地促进商品销售，而掌控零售环境主要依靠有效地实施三个基本的零售原则：要保证商品能被消费者买得到、看得到而且能拿得到。但是，在20世纪80年代，外国消费品公司刚刚确保消费者在中国能买得到自己的产品，那时这门科学还无法自如地应对它们面临的零售业基础设施。**事实上，在中国经济改革的最初十年里，对五大巧克力公司而言，仅仅保证消费者在中国能买得到自己的产品就是令人生畏的挑战。**

零售环境中的机会与挑战

20世纪50年代，中国的商业制度也从市场驱动的供需体系转变成中央计划经济。国家消除了私有制，将所有的商业化企业变为国有。从20世纪50年代直到70年代末，因为国家禁止私人经营，所有私人零售商店甚至街头小贩都销声匿迹了。

> 20世纪80年代初期，邓小平领导的改革刚开始起步时，中国的零售业环境是国有企业一统天下，像巧克力这样的奢侈进口产品在中国只有“友谊商店”里才能看得到。这些“友谊商店”基本上都昏暗乏味，布置得像百货商店，在那里根本没有机会实施冲动消费的推销技巧。因为几乎所有的商品要么摆在柜台后面、要么放在玻璃橱窗下面，买点最简单的东西也步骤繁多复杂，需要大量的文件以及多个店员的协调努力。也许，只有最坚定的巧克力迷才愿意去那里费尽周折买一块巧克力。

整个20世纪80年代，老百姓的食品店多数都在湿漉漉的露天市场，这些地方摆满了一桶桶的鲜鱼和贝类，还有一篮篮的水果和蔬菜、一块块血淋淋的砧板、一筐筐现称现卖的大米和其他五谷杂粮。巧克力根本就不适合在这种菜市场里销售。

卖糖果的食品店也寥寥无几，而且糖果都装在柜台后面的散装桶里。就像50年前美国的传统糖果店那样，客人买糖，店员就要用铲子把糖盛出来、装袋、称重。20世纪80年代末，有几家外国公司曾设法把自己的产品摆到了那些散装桶里，不过这些商店的陈列方式依然不适合冲动消费。

这段时期，**在中国萧条的零售环境中，五大巧克力公司无力影响自己产品的分销和销售**。它们只能将产品卖给中国边境的商人和进口商，任由那里的体系将自己的产品带给中国的消费者，除此之外别无选择。

从那时的情况来看，中国的零售环境也许还要经历一个世纪的发展，这些现代的销售技巧才能有用武之地。但是中国却大施恩惠。中国零售业用大约15年的时间就跨越了几十年的发展历程。在20世纪90年代初，小型街区的私人售货亭和夫妻店开始在中国各地纷纷涌现。尽管这些小店数量很多，但是由于巧克力价格相对较高，再加上这些小店都缺乏空调设备，它们也没有给巧克力的销售带来多少商机。直至20世纪90年代中期，现代贸易零售商店（配有空调的大型商场或者大型商店、超市、便利店）层出不穷。直到那时，五大巧克力公司才开始在零售商店着力展开针对冲动消费的销售技巧，消费者才能看到和随手拿到它们的产品。

尽管中国零售环境飞速发展，但是零售环境在中国各地的发展还是很不平衡，这使得中国不断发展的零售业面临着一个极为复杂的局面：在一个国家 / 三个世纪的经济体系（one-country/three-century）中开展全国性的贸易。为了使局面更易掌控，这些公司根据地理位置（城市），消费者可支配的收入水平以及接触到外国产品的机会有的改矢。

需要特别注意的是，现代贸易零售商店将整个中国划分为哪几个层次，比如像北京、上海、广州这样的大城市是众人皆知的典型一线城市，这些城市的经济发展水平最高、生活水平也最高。截至 20 世纪 90 年代末，这些城市里已经具备足够多容易接近的消费者，配备精良的商店和分销基础设施，已经能够支撑起健全、可观、长年不断的巧克力贸易。虽然巧克力贸易也延伸到了二线城市，但是这些城市经济发展的水平比一线城市低，所以容易接近的消费者数量也相对较少，合适的零售经销店就更少了。三线城市多数在配备空调的供应链的最末端，这些城市的销售条件决定了只能在某些特定的季节开展巧克力贸易。既然将近十亿的中国消费者居住在比三线城市条件更差的地区，这些消费者无论在距离、文化还是经济方面都与巧克力格格不入，所以，巧克力公司的管理人员通常就把他们排除到计划之外。

战场远比想象的更复杂

五大巧克力公司在制定中国战略时，一个主要的问题就是配备空调的供应链。

巧克力存储和运输的温度需要控制在零度以上、16摄氏度以下，这样才能保持巧克力的硬度和表面光滑的质地。在发达国家的市场上，存在冷藏分销通道，即“低温通道”，这是一条从工厂到仓库到卡车再到零售商店都不间断的空调链。整个体系控制得有条不紊，以至于巧克力公司的管理者视之为理所当然，从而很少去关注它。而在中国，这却成了他们考虑的主要问题。

在把巧克力进口到中国的过程中，从航运集装箱在码头靠岸的那一刻起，巧克力公司的问题就接踵而至。从20世纪80年代至90年代初，官僚主义依然势头不减，而且还经常找不到合适的运输卡车，这就意味着，集装箱可能会在码头堆上几天甚至有时候会滞留几个星期。即使到了20世纪90年代后期，在一线城市里，巧克力贸易还是受到勉强维持的冷藏供应链制约。在这样的供应链中，巧克力经常处在因温度过高而遭到破坏的风险之中。

> 你会看到，在风和日丽的某一天，一群工人就像救火时传递水桶那样从卡车上卸下一箱箱的巧克力，然后踩着安全梯登上二楼。二楼有一个窗式空调，窗户上贴着报纸遮挡太阳光。分销商再从这样的中转仓库提货，用不带空调的小型巴士、汽车的后座或后备箱、三轮车甚至是自行车将存货分销给零售商。一旦商品到了商店，关注成本的零售商为了自己和顾客的舒适只会在白天打开空调，到了晚上他们就会关上空调节省成本，在天气较暖和的月份里，热量会破坏巧克力以及其他对温度敏感的商品。中国的供应链对五大巧克力公司而言已经是一个巨大的挑战，为了将产品摆放到消费者面前，它们的产品不得不加速流通。

在20世纪90年代的夏天，中国各地的巧克力分销点不到10 000家。而等到天气凉爽的月份，巧克力分销的范围就会暂时扩大到没装空调的商店，分销点的数目大约是夏天的 5 ～ 7 倍。

因此，**巧克力每年的销售都会经历一个繁荣与萧条的交替循环，每年 1 ～ 2 月间出现的春节是最重要的送礼节日，这段时间会加剧这个循环的交替。**20 世纪 90 年代后半期，在每年元旦之后的一两个月，好时巧克力的销量都会骤跌大约 40%。所以，为了衔接起中国松散的供应链和没有空调的零售商店，巧克力公司每年都要投入大量的时间和精力。春节之后，它们还要开展清仓活动，以便在天气转暖巧克力变质之前，卖光商店里的库存尾货。缺乏覆盖范围广的可靠冷藏物流渠道，是限制中国巧克力市场发展的最主要因素之一。这一不利现状迫使巧克力公司的管理人员不得不将更多的精力投放到公司业务的物流方面，经常心烦意乱。

当美国的巧克力消费者走到糖果货架前时，多数人都会直接去拿自己最喜欢的巧克力，因为他们很清楚自己想要什么，在收银台那里他们也是如此。从巧克力展示架上果断选择自己喜欢的巧克力时，就像条件反射般地立刻就做出了决定。不过 20 世纪 80 年代到 90 年代，中国消费者在超市巧克力货架前的表现却截然不同，他们会花更多的时间考虑购买哪种巧克力。他们购买巧克力时的程序繁多：先拿起产品，然后比较重量、价格、成分，最后把产品放回货架。很显然，那时候，中国消费者还处在学习巧克力及其品牌基本知识的过程中。在巧克力品牌意识和口味偏好方面，他们还是白纸一张。因此，对五大巧克力公司而言，这是将自己品牌的巧克力打造成中国第一代巧克力消费者最喜欢的巧克力口味的稀世良机。

五大巧克力公司到达中国时，正在发展的中国市场为它们提供了一个公平竞争的竞技场。中国消费者认为巧克力是体现异域风味的外国产品，经验不足的中国消费者把外国产品和可信产品等同起来。因此，每一家巧克力制造商都享有同样的信誉和威信。外国巧克力的零售价格相对较高但生产成本相对较低，所以对它们而言，价格和成本都不是进军中国市场的障碍。但要命的是，只要涉及消费者和市场信息，这些公司全都无一例外地两眼一抹黑，而牵扯到如何应对中国变幻莫测的经济环境和规章制度时，它们也只能依照本能和经验行事。不过，由于巧克力是低利润的产品，所以五大巧克力公司能够享受比高利润行业更大程度的自由。最重要的一点，是它们在近二十年里都没有遭遇到本土公司的有力竞争。管理人员如何在中国运用经验、施展管理技巧和领导能力，将决定公司能不能进入正在发展的中国消费者市场，能否取得最终的胜利。

商战角力

CHOCOLATE FORTUNES The Battle for the Hearts, Minds, and Wallets of China's Consumers

在五大巧克力公司中，只有好时公司以美国市场为主导。尽管在相对单一的美国市场上它是绝对的霸主，但是在更具多样性、变化多端的国际市场上，尤其是像中国这样复杂的正在发展的市场上，它还没有什么骄人的业绩。而同为美国企业的玛氏，在国际市场上却有着更让人瞩目的表现，由于它拥有更广泛的经验基础，这对于进入中国市场非常有利。吉百利和雀巢都是进入 20 世纪之后才在全世界推广自己的巧克力品牌，因此它们在如何成功进入中国市场方面更具洞察力和独到视角。相对而言，费列罗是巧克力零售业界的新秀，但它的巧克力价格最贵也最具异域风味，在这些公司中，它的未来还是个未知数。

随着越来越多的中国消费者走进本土迅速崛起的零售商店里，国际巧克力行业最优秀、最卓越的人才开始投身到吸引这场万众瞩目，激动人心的战斗中来。但是，在中国进行的不是这些巧克力公司管理者熟悉的阵地战，也无法从固若金汤的本国市场战壕中狙击对方。在这里进行的，是场景不断变换的游击战，检验的是领导人的管理技巧、适应能力和耐力。要想赢取中国人的心和钱，这些必不可少。

The Battle for the Hearts, Minds, and Wallets of China's Consumers

02 费列罗，新市场消费观的缔造者
高端市场战略

假如争夺中国巧克力市场的竞争是一场短跑而不是马拉松，那么费列罗公司本应是当仁不让的赢家。至今，它仍在中国高端巧克力市场尊享一席之地。

费列罗简史

在战后的意大利，皮埃蒙特大区南部的阿尔巴村（Alba），面包店老板皮德罗·费列罗（Pietro Ferrero）和年幼的儿子米开力（Michele）着手尝试调制混合甜品。能多益榛果巧克力酱（Nutella）就是他们研发的第一个产品，它开创了广阔的商业市场，欧洲人对它的喜爱程度与美国人对花生酱的挚爱别无二致。在能多益榛果巧克力酱获得的巨大商业成功的基础上，1946 年，皮德罗·费列罗创建了费列罗公司。1949 年，皮德罗突然辞世，此时米开力已经长大成人，他子承父业，接管了公司。已获巨大成功的能多益榛果巧克力酱一直是公司的支柱产品。1969 年，公司又重磅推出了嘀嗒薄荷糖（TicTac），13 年之后，公司又研发出誉满全球的费列罗榛果威化巧克力。如今，米开力·费列罗仍然与妻子玛丽亚·弗兰卡（Maria Franca）和两个儿子小皮德罗（Pietro）、乔万尼（Giovanni）共同掌管着费列罗公司。作为一个典型的家族企业，费列罗公司的管理严谨保守，对商业秘密守口如瓶。

皮德罗和儿子米开力对创新都抱有巨大的热情，直到今天，独创性一直都是公司哲学不可或缺的部分。“独具特色！永不抄袭别人！”已经写入公司的使命宣言。遵循这个传统，米开力几十年来亲自领导公司进行了多数产品的研发，声名远扬的费列罗榛果威化巧克力就是他的得意之作。费列罗家族成员一步步将公司从无名小卒发展成食品工业巨头。2006 年，公司收入达 56 亿欧元（70 亿美元），世界各地的员工将近 20 000 人。

最为欧洲人称道的费列罗产品，就是能多益榛果巧克力酱。虽然早在 1946 年这种巧克力酱就被研制出来，但是给它冠以“能多益”

品牌并销售却是 1964 年。时至今日，它依然是世界上最畅销的甜味酱之一，也是公司的标志产品。美国人最喜欢的费列罗产品是其著名的嘀嗒牌薄荷糖。而亚洲人熟识费列罗公司，主要是通过费列罗的榛果威化巧克力，正是这包装和口感同样精致的糖果首度点燃了中国人对巧克力的炽热情感。

尽管相比于费列罗能多益榛果巧克力酱，榛果威化巧克力的商业规模小得多，但它却是全世界 100 多个国家的馈赠佳品。更为重要的是，与其他竞争对手不同，费列罗公司从不因市场或国家的变化而调整费列罗榛果威化巧克力的配方。无论你是在波士顿、柏林还是北京，你买到的产品都绝无二致。

在巧克力行业中，费列罗榛果威化巧克力是相对较新的产品，它首次亮相是 1982 年，而好时早在 1907 年就推出了 Kisses 巧克力；玛氏也从 1923 年开始生产银河棒（Milky Way）；能得利公司（Rowntree）则是在 1936 年研制出奇巧（KitKat）巧克力。费列罗榛果威化巧克力是近几十年在世界糖果市场上，地位举足轻重的少数“新品”巧克力之一。所以，费列罗能在众多巧克力品牌中脱颖而出，率先打入中国市场，并在很大程度上树立了在中国人心目中正宗巧克力的形象，确实出人意料。

进入中国的首任巧克力大使

有文件记载称，最早进行中国之旅的欧洲人中就有意大利旅行家马可·波罗的父亲尼科洛（Niccolò）和叔叔马菲奥（Maffeo）。早在1266年，他们就辗转抵达了中国的权力中心北京。700年之后，在1978年，中国向世界打开了国门，此后最早与中国建立贸易关系的也有意大利人。但这一次，取代威尼斯波罗家族的是意大利阿尔巴的费列罗家族，他们沿着新“丝绸之路”给中国带来了黄金礼物：一盒盒金箔纸包装的礼品巧克力。

用柔滑香浓的能多益榛果巧克力酱包一整颗香甜酥脆的榛子仁，再裹上一层球形威化，然后将威化包裹的整个糖果浸沾上美味的巧克力，点缀上少许的榛子粒，最后用独特的金箔纸一颗颗包装起来，放置在咖啡色的褶皱纸底座上。每一盒出售的巧克力都用透明的塑料盒盖包装，以便消费者一眼就能看到里面装饰奢华的精美甜品，这就是费列罗榛果威化巧克力。

假如争夺中国巧克力市场的竞争是一场短跑而不是马拉松，那么费列罗公司本应是当仁不让的赢家。在中国重新打开对外之门后，第一个在消费者中确立品牌形象的巧克力就是它。直到今天，费列罗榛果威化巧克力依然在中国高端巧克力市场尊享一席之地。

会有中国老人告诉你，在20世纪80年代初，费列罗榛果威化巧克力登临国门时，巧克力对中国人来说并不是什么稀罕物，因为早在20世纪30年代他们就已经品尝过外国品牌的巧克力，那时他们还是小学生。这只是一小部分幸运儿才拥有的记忆，这些人来自殖民地时期中国境内的外国飞地或周围地区的富裕家庭。同样，一些中年人也能回想起，在20世纪70年代他们曾吃过的粗制国产巧克力和巧克力味糖果。但是，在20世纪50年代至70年代，中国遭遇了重大的经济困难，在这与世隔绝的几十年里，消费品又被排除得所剩无几。

到了20世纪80年代初，无论从何种角度来看，各个外国巧克力品牌都成了几乎所有中国人闻所未闻的新产品。此时，巧克力给中国新兴的巧克力消费者留下的第一印象意义重大、影响深远。对这第一印象的形成，最早产生重要影响的正是费列罗榛果威化巧克力。换句话说，费列罗榛果威化巧克力是世界巧克力界派往中国的第一任大使。

打通华南丝路枢纽——香港

20世纪80年代伊始直到90年代初，中国香港与大陆的边境贸易蓬勃发展，曾为英国殖民地的香港就成了现代丝绸之路的必经之地。巧克力就是通过它，随着全世界的消费品来到了当时的中国。

1949年，新中国成立时，香港还只是一个稀松平常的殖民港口城市，同时也是英国重要的军事基地。中国共产革命胜利后，有成千上万的人从上海、广州这样的商业城市逃到香港，这些人中不乏旧中国工业和商业的精英。当时的香港殖民政府对商业采取了自由放任政策，这些实业家以及大量涌入香港的劳动群众充分利用这一政策，实现了香港快速的工业化，带来了20世纪50年代至70年代经济的飞速增长。香港不仅成为商业和金融中心，也变成了重要的生产工厂，制造出大量的纺织品、电子产品以及其他产品。

因此，当1978年中国重新打开对外之门时，香港作为中国不可或缺的组成部分（尽管当时还处在大不列颠的管辖之下），已经与外部世界建立了广泛的商业联系，被誉为世界最大的港口之一。香港已经整装待发，做好了沟通中国进出口贸易的准备。香港成为中国至关重要的门户，全世界的商家通过它来购买便宜的中国商品。随着进一步的发展，香港制造商纷纷把工厂迁建到劳动力廉价的大陆，香港的经济也从制造经济转变为更大程度上的服务经济。从整个20世纪80年代直到90年代初，多数到中国旅游的外国人都要途径香港；他们购买中国制造的商品时要与香港的银行打交道；他们与香港在中国大陆的贸易公司保持业务上的往来。香港人就是纽带，他们既会讲中文又会讲外语。

随着新兴财富的积累，香港成为赫赫有名的奢华之都。香港的一些高档奢侈餐厅还在他们的菜品上点缀金制叶子，那些讲究身份的顾客用象牙筷子享用着这些美食。在这样的环境中，费列罗榛果威化巧克力这样奢华的巧克力自然是必不可少。尽管多数香港市民买不起价值30 000美元镶钻的劳力士，也不敢奢望在橱窗里展示的梅赛德斯奔驰车，但是几乎所有人都能买得起金箔纸包装的费列罗巧克力。对那些向往更高档次生活的人来说，费列罗榛果威化巧克力就成了美好生活的象征。

品牌策略

“堆得高，卖得好”

费列罗公司在1982年推出费列罗榛果威化巧克力之后，立即将其推介到香港市场。香港最重要的进口食品经销商之一和记（J. D. Hutchison），因其密布香港的销售网络而被指定为费列罗榛果威化巧克力的独家经销商，这款来自意大利的巧克力通过它销售到香港各处。

正如商业俗语所言“堆得高，卖得好”，费列罗榛果威化巧克力正是因此得以热卖。在中国传统节日春节期间，费列罗榛果威化巧克力在香港各大食品店的亮相夺人耳目。在香港最重要的零售连锁店屈臣氏，一盒盒费列罗榛果威化巧克力被实实在在地从地板堆到天花板，占据了寸土寸金店面的一大部分，场面颇为壮观。由于金色在中国文化中象征着富贵和好运，有着精美金色包装的费列罗榛果威化巧克力在短短几年内就成为香港人主要的馈赠佳品。而此时的香港，已经是外国消费品涌进大陆的入口，独具特色的费列罗巧克力穿越边境指日可待。很快，它就获得了中国大陆极具可塑性消费者阶层的好感。

舶来品的需求热潮

1978年之前，中国人看到的只是用来颂扬共产革命价值观、举国推崇的偶像和劳动模范。除了众所周知的偶像，如毛泽东主席，国家政府也在普通群众中塑造偶像。

雷锋就是这样一个偶像，他既不是政治家也非璀璨的电影明星，既不是音乐家也非演员，他只是一名普通的解放军战士。雷锋从小父母双亡，是拥护共产党的百姓抚养他长大成人，后来他成为一名解放军战士，在1962年的一场日常作业事故中不幸身亡。许多官方媒体报道了他的故事。1963年，全中国开展了一系列“向雷锋同志学习”的宣传活动，不断向人民群众宣传雷锋的形象和他无私为人民服务的故事。在20世纪六七十年代，雷锋是几亿中国人心目中的英雄。

然而，当尘封已久的中国国门在20世纪70年代末被敞开时，中国人其实更渴望观赏异域风情、倾听别样的音乐、品尝当时代表着外面世界的异国风味，电影明星和其他流行偶像很快就取代了国家塑造的英雄。

1998年，在中国人对所有西方舶来品热情高涨的时候，我刚到好时的中国分部工作，在那里我见到了市场销售经理。他是一名中国人，不过他自我介绍叫大卫·威猛（David Wham）。虽然中国的姓氏成百上千，但是多数都是单音字，而且我之前也从未听说中国有“威猛”这个姓，所以感觉很古怪。不过很快我就弄明白了，其实大卫姓万。1985年，以乔治·迈克尔（George Michael）为主唱的威猛乐队首次在中国举办了西方流行音乐巡回演唱会，他们的宣传形象给大卫留下了极其深刻的印象，所以他把姓都改成了乐队的名字。对大卫这一代人来说，身穿革命制服、头戴红五星帽子、斜挎来福枪、摆出梦幻英雄造型的雷锋形象，与穿着黑色皮夹克、戴着十字架耳环、架着太阳镜、胡子拉碴的乔治·迈克尔简直不可同日而语。费列罗巧克力就如同这个娱乐偶像在中国的经历一样，都因人们对新生事物的好奇而充满了魅力。

随着中国的改革开放，来到中国大陆的外来客人中还有穿着考究的香港商人，他们中有很多人在中国经济特区如深圳和珠海建立了很多小型的生产制造厂。作为大陆中国人与外面世界第一次亲密接触的接触点，这些香港商人成了成功的重要标志，被人们赞赏，羡慕甚至竞相模仿。很多香港人为了发展私人和业务关系还带来了礼物，其中就有费列罗榛果威化巧克力。此外，由于多数香港居民都是广东人的后裔，他们在大陆还有同宗的家族。

在20世纪80年代旅游限制放宽以后，大批的香港人跨过边境与家人团圆，尤其是在春节期间。几乎所有人都要给亲朋好友带来礼物，他们带来的境外食品礼物中最受欢迎的主要有四种，在当时被称为“香港四大件”：丹麦蓝罐曲奇，Sugus瑞士糖，乐家杏仁太妃糖，以及最受人称道的费列罗榛果威化巧克力。这或许就是费列罗榛果威化巧克力在中国经常被作为馈赠佳品的起源吧。

费列罗的中国销售渠道：贸易公司

20世纪80年代中期，中国已经产生了对费列罗榛果威化巧克力以及其他消费品的需求，但是当时中国的官僚主义规章制度和各种进口关税，将包括费列罗巧克力在内的多数进口商品拒之门外。整个 20 世纪 80 年代，中国完全禁止给外国公司颁发进口、贸易及批发许可证。当时的环境，让香港实力雄厚的大型进出口贸易公司也无计可施，例如怡和洋行（Jardine Matheson and Company）和太古洋行（Swire Pacific）[①]，还有前面提到的和记都无计可施，更不用说那些小型的贸易公司了。

具有讽刺意义的是，在前面提到的贸易公司中，有的曾于 19 世纪向中国贩卖过鸦片，中国与这些公司的贸易经历，以及鸦片对中国社会的毒害使得中国对开放边境贸易尤为谨慎。

18～19 世纪是中国以及其对外关系的黑暗时期，吸食鸦片成瘾在国内呈泛滥之势。当时最强大的英国东印度公司，尽管表面上与鸦片贸易毫无瓜葛，实际上它却控制着向中国贩卖鸦片的垄断贸易。直到 19 世纪中期，中国禁止鸦片贸易，英国东印度公司没有再去违背禁令，也许是因为它要依据英国皇家特许令进行经营而且要依照英国政府在该地区的政府能力行事的缘故。所以，东印度公司从此以后就从印度购买鸦片，然后再售卖到加尔各答的市场，在那里鸦片交易无人干涉。之后的事情就交给怡和洋行这样的贸易公司，它们会想方设法再把鸦片走私到中国。因此，也就不难理解为什么中国不愿再轻易向外国贸易公司打开大门，因为这些公司中的很多公司都是通过鸦片贸易积累了最初的财富。

20 世纪 80 年代，尽管和记（之前并非鸦片走私商）成功地将费列罗榛果威

① 这两家公司分别是詹姆斯·克拉维尔（James Clavell）1981 年的小说《望族》（*Nobel House*）里斯特鲁安商行（Straun and Company）和戈恩特洋行（Rothwell-Gornt）的原型。——作者注

化巧克力分销到香港各处，但是，它却无法再进一步穿过边境，到大陆铺建分销网络。费列罗公司的香港分销商在大陆受到的种种限制事关重大，因为产品的商业命运和分销商的能力和业绩紧密相关。不过，在香港自由资本主义的环境中，什么需求都能得到满足，现在轮到极具创业精神的香港自由商人大展身手了。这些自由商人自成严密的体系而且与中国大陆边境关系紧密，他们找到了将费列罗榛果威化巧克力运往中国大陆实用且高效的途径。

20 世纪 80 年代中期，这些商人和边境另一边一些相邻的大陆港口城市，如深圳和珠海，营建起一个外来商品进入大陆的灰色市场渠道。就像 150 多年前加尔各答的英国东印度公司一样，香港的分销商把商品卖给本地的自由商人，这么做也无人干涉。至于这些自由商人如何把这些东西运出海关、有没有缴纳进口关税、买家怎么购买这些商品，那就是谁也说不清楚的事情了。这些具体的交易实践商学院不会教给学生，《南华早报》的商业版不会进行报道，人们更不会把它当作公开讨论的话题。但是交易一直在持续增长，所以灰色市场的供应方也甚是欢喜。

1990 年，和记被英国公司英之杰（Inchcape）兼并。这是另一个历史悠久的大型欧亚贸易公司，公司的起源可以追溯到 19 世纪。公司兼并之后成立英和洋行有限公司（Inchcape JDH）。之后的三年里，费列罗巧克力在中国的销量稳步增长，但是由于对外国公司的禁令尚未解除，进入中国的渠道还是灰色市场。1993 年，英和洋行做出了重要的举动，这一举动后来被认为是推动建立费列巧克力销售渠道的第一步：英和洋行在中国设立了代表机构。尽管英和洋行依然没有获得进口贸易及批发的许可，但是它聘用了一支境内联络代表团队，其活动只限于“拉通分销经营”（disbribution pull-through marketrrg），主要是通过与当地分销商和零售商建立良好关系，鼓励他们销售自己的产品。尽管，英和洋行此时还无法成为代表费列罗公司进行全面营运的分销商，但是由于费列罗产品已经能够在中国积极地进行销售、促销，这已经是费列罗巧克力在中国业务发展的重要里程碑了。

品牌策略

借助代理，有力分销

1995 年，费列罗榛果威化巧克力在中国的命运又迎来了一个良好的转机，这一年，英和洋行成为中国首批取得贸易和批发许可证的外国公司之一。这就使得费列罗公司可以对其品牌的分销和营销活动进行更好的管理和协调，从而在更大程度上掌控自己的业务。

但是，在 20 世纪 90 年代，中国依然没有给外国贸易公司发放进口许可证，所以还是需要中国进口代理商提供帮助。费列罗公司将巧克力销售给香港的英和洋行，英和洋行再将其卖给获得许可的中国大陆进口代理商，英和洋行的中国子公司再从代理商那里购回商品，然后将其销售给批发商和城市分销商，这些商家有很多是家庭式经营，他们的销售面覆盖了一个城市的部分或全部地区。

就像古代的丝绸之路一样，产品要经历多次转手的现代销售渠道也是漫长而曲折的。不过，这个投机取巧的体系确实起到了作用。虽然这么做复杂繁琐，但是英和洋行以此在中国成功地搭建起一个有序的分销体系，有助于全面促进费列罗榛果威化巧克力的销售，而且提高了中国对费列罗品牌的认知度。

20世纪80年代伊始直至90年代上半期，费列罗榛果威化巧克力在中国各地的销售几乎都局限在一小部分，也许只有几百家高档国有百货公司和超市内，但是对于当时的费列罗榛果威化巧克力来说，那是最适合的零售方式。不过到了20世纪90年代中叶，中国的零售业开始飞速发展，20世纪90年代后期，像法国大型超市，巨头家乐福以及沃尔玛（市场份额较小）这样的零售商，以及一大批高质量的本地大型超市和普通超市，纷纷出现在中国一线城市的舞台上。每开一家新店都能从根本上扩大可争取的消费者的数量，这样中国的巧克力市场也被进一步扩大。为了更好地抓住中国零售业蓬勃发展带来的机遇，费列罗公司在中国建立了一家代理处，但仅仅保留20～30人的中国联络代表。这些人分布在北京、上海、广州等一线城市，他们的工作就是监督英和洋行的分销经营状况，并且指导零售商店的销售和促销活动。

品牌策略

礼物主题营销VS季节循环销售

由于费列罗巧克力往往是被当作礼物而购买的，销售及促销活动几乎都无一例外地围绕着节日送礼而展开。受到这些节日的时间以及天气的影响，费列罗巧克力的销售陷入了季节循环。因为安装空调的零售商店数目不多，而且在夏天中国没有什么重大节日要馈赠礼品。所以夏天一到来，之后几个月的销售量就几乎下跌到为零。

销售循环的新起点往往是在中秋节的前一个月左右。中秋节是一个有着

3000年历史的传统节日，按照农历，中秋节是阳历9月期间月亮最圆最亮的那一天。所以，确切的日期应该是在每年的9月中旬到9月底之间波动。因此，费列罗巧克力在8月中旬到8月底就开始进入分销通道。此时中国多数地区的天气还很暖和，所以，巧克力还是主要分销给安装了空调的商店，在那里巧克力不至于融化掉。

中秋节过后，随着秋天到来，天气逐渐凉爽，费列罗巧克力在零售商店的分销程度才逐渐扩大。第二轮重要的销售活动从12月开始，此时中国的春节即将到来。春节的时间在阳历的1月中旬到2月中旬之间，每年这个时候人们都会互相馈赠礼品。

历时15天的春节销售高峰过后，分销和市场活动立刻从最大幅度的分销转为库存出清，和美国每年11月初万圣节糖果的经历甚为相似。在炎热的5月到来之前，最重要的就是，将没有空调设备经销点库存的各种巧克力尽快卖掉。尽管负责处理旺季剩货的主要是分销商，但是费列罗公司也承担了一部分退货损失，这是在中国极具季节性的巧克力市场站稳脚跟的代价。夏季里，除了一些配备空调的重要经销点还有营业额之外，整个巧克力市场实际上都处于休眠状态。直到8月来临，下一个中秋节在望，销售循环才会重新启动。

品牌策略

专拨资金，促进旺季销售和存货清仓

费列罗公司为主要商店的零售专柜展销和店内促销员提供资金，以此来推动旺季的销售和存货清仓。英和洋行会举办一些活动，例如在销售员和促销员中间开展商品展示竞赛活动，让他们搭建商品展示台并在销售旺季期间维护好展台。此外，店内促销的劳动力价格低廉，花不多的钱就能让英和洋行的促销员将产品推广到各个零售商店，而且他们还在费列罗巧克力礼盒堆上搭起有季节特色的架子，来迎合中秋节和春节这样的节日。这些架子通常都是用纸做的，上面有节日喷绘，如临近中秋节时上面最常见的就是月亮的图案或者是“中秋节快乐”的祝愿语。节日一结束，促销员会巡视各个商店，拆下架子，新的节日临近时他们再去布置与这个节日相关的架子。

中国程序繁杂的管理环境，实际上无意中给了费列罗公司等外国食品进口商提供了一个极具竞争力的优势。20 世纪 80 年代至 90 年代，为了方便监管机构、零售商和消费者辨别进口商品，所有的进口商品都需要贴上一种圆形的全息不干胶标签。如果商品本身没有多种语言标签，还需要另外贴上一个汉语商品信息标签。有资格的进口商的工作之一，就是打开运货的集装箱，给所有的货物贴上进口标签和产品信息标签。这些努力也是物有所值，因为中国的新兴消费者对进口商品特别青睐，而且只要商品贴上了进口标签，外国公司就会大幅地提高商品的附加费。所以，要求依法粘贴的全息标签和信息标签反倒成了重要的营销手段。

费列罗榛果威化巧克力之所以能在中国市场站稳脚跟还有一个重要的原因，那就是费列罗公司高度重视产品质量，他们会采取多种方式对产品进行保质保鲜。超过六个月的产品就不再分销到零售商店，离保质期还有三个月，产品就被撤下货架。费列罗公司的中国联络代表会到各个零售商店检查保质期，取走积存的产品。由于费列罗公司和各个分销商要共同为退货和积压产品埋单，整个供应链的所有环节都会加倍谨慎，以确保存货在各个仓库间进行有效的循环，从而一起竭尽全力地将最新鲜的产品奉献到消费者面前。

随着费列罗公司在中国的根扎得越来越深，它开始进一步探索使产品更加经济实惠的其他方式。费列罗榛果威化巧克力在中国的最小零售单位是每个礼盒装 16 或者 24 颗巧克力。每个盒子的两个重要组成部分（透明的塑料盒盖和不透明的褐色盒身），这些包装在中国制造的成本要远远低于欧洲。中国已经逐渐成为世界上首屈一指的包装材料出口大国。费列罗公司要是仅仅购买中国制造的包装材料、不远万里把它们运到意大利、然后雇用收费高昂的欧洲劳工把它们包装好、再千里迢迢地运回中国和其他亚太地区来销售，那实在是太离谱了。因此，从 20 世纪 90 年代开始，费列罗公司开始将一部分费列罗产品整批地运到香港进行包装。

笔者写这本书的时候，费列罗公司的中国市场战略仍然是只依赖一个贸易分销合作伙伴。2001 年，慎昌贸易公司（SIMS Trading）取代英和洋行担当起这一重任。鉴于费列罗公司在华贸易的规模和中国巧克力礼品行业本身具有的极强的季节波动性，这种三方合作的经营模式对费列罗公司来说是最合理的一种模式——避免了设置一个一年中多数时间无所事事的大型机构。

“山寨”拉锯战

“专利”认知的鸿沟

1978年，当中国打开国门时，知识产权这个概念事实上是不存在的。知识产权领域的明显缺失，与新中国成立后消除私有制毫无瓜葛。然而，知识产权及所有者权利的概念却已深深根植于欧洲的历史和传统之中。

专利权的历史可以追溯到公元前500年左右的希腊时期，而第一个现代专利就诞生在15世纪意大利的威尼斯；13世纪，欧洲首次出现了商标；到了17世纪，随着印刷机的诞生，著作权也应运而生。在现代西方世界，它们都已经成为根深蒂固的法律传统。美国的小学生在学习托马斯·爱迪生、亚历山大·贝尔及其发明和专利时，已经把这一传统铭记于心。而中国社会是独立于欧洲社会单独发展的，所以，在中国知识产权这一概念还是颇为新鲜。结果就是，在中国，对外国产品生搬照抄的问题泛滥成灾，直到现在这也是中国市场不断进化的一个特点。所以，有幸率先打入中国市场的巧克力巨头费列罗公司，在面对这一文化与历史鸿沟的问题上首当其冲。

极具讽刺意味的是，一直把“独具特色！永不抄袭别人！”奉为座右铭的费列罗公司比的其他巧克力公司在中国的遭遇更为不幸，闹得沸沸扬扬的山寨侵权案件使它蒙受巨大损失。1982年，费列罗公司填写进口产品登记时使用了两个名字：外语的“Ferrero Rocher”和汉语的“金莎”。但是1986年，费列罗公司只在中国商标管理局注册了外语的商标。这个注册程序上的疏忽引发了一系列的事件，导致公司差点就把自己的独特产品拱手让给一家山寨其产品的公司。

• 与模仿者偏害共生 •

如果说模仿是最大程度的赞扬，看到费列罗榛果威化巧克力在消费者中获得了巨大的成功后，张家港乳品一厂下定决心对费列罗“大肆吹捧”——它开始生产费列罗榛果威化巧克力的仿制品。俗话说得好，“不用就丢掉”，1990年，张家港乳品厂为自己的仿制品申请并成功注册了汉语“金莎”的商标。当乳品厂还想进一步注册与费列罗巧克力商标形象相近的“金莎”商标造型时，遭到了费列罗公司的强烈反对，中国商标局支持费列罗公司提出的异议。但是，张家港乳品厂视若无睹，继续使用“金莎”的品牌和商标造型。

贴着“金莎”的巧克力仿品，还算是目前市场上品质最好也是最成功的仿制产品，不过张家港乳品厂并非中国唯一生产费列罗巧克力仿制品的厂家。这些年，还相继涌现出了各种品质较差的山寨产品，其中一个让人印象深刻的粗劣山寨品牌还起了一个大倒胃口的外国名字“Fretate Relish”。它随便拼凑了两个分别以F和R开头的外文单词，一个单词由7个字母组成，另一个单词由6个字母组成[①]，目的就是让中国巧克力消费者难辨真假。

对这样低劣的山寨产商，费列罗公司采取的措施就是将其上诉到国家工商行政管理总局商标局，这是中国最主要的知识产权执法部门，它本着维护品牌所有者权益的原则执法、保护知识产权，有权禁止侵权行为。然而，这些粗劣的山寨仿制公司多数都是骗子公司，当局今天查封了它们的公司，几天之后它们就会打

① 费列罗榛果威化巧克力的外语名称 Ferrero Rocher 就是分别以 F 和 R 开头，两个单词分别由 7 个字母和 6 个字母组成。——译者注

着另一个公司的幌子重新开张。对付山寨产商就像“打地鼠”游戏一样：一家山寨厂商从一个洞里冒出来，你只要把它打下去，就会有另一家山寨产商冒出来，你再把它打下去，另一个又冒出来……如此下去，周而复始。

然而，张家港乳品厂却是一个特例。它是一家合法公司，而且在其他商业领域业务完善，如牛奶和奶制品。多数当地山寨产商仅仅满足于小偷小摸地趁机快速大捞一笔，它们的目标是大城市里那些不太引人注意的零售小店或者是将产品分销到三线甚至四线城市。但是张家港乳品厂胆子更大，它和费列罗公司一样将目标定位到同样的一线城市和高端零售商场，甚至还把产品卖到了中国国际机场的免税商店里。“金莎”巧克力最终培养出众多忠实的消费者，它的销量和费列罗榛果威化巧克力不相上下。两种巧克力并排陈列在商店的货架上，一眼望去很难将它们区分开。两家公司都可以证明自己是合法经营，这就意味着两者都可以依据《中华人民共和国不正当竞争法》来起诉对方。如果一家公司的产品众所周知，另一家公司再在市场上销售足以引起混淆的类似产品时，这项法律就保护第一家公司的知识产权。但是谁是“所有人”谁又是“侵权人”呢？如果费列罗公司起诉张家港公司，事情就变成了外国公司试图关闭受人欢迎的本土公司。在这种情况下，费列罗公司面临的现实问题很可能就是，由于它力图消灭“金莎”而被迫停止在华销售费列罗榛果威化巧克力。

• 准确定位，牢牢把握高端市场 •

在和张家港乳品厂十几年的拉锯战中，费列罗公司一直和它的中国竞争对手并驾齐驱、展开赤裸裸地竞争，但是“金莎”巧克力的售价要低得多。既然诉诸法律于事无补，费列罗公司只能采取行动从消费者身上下手。毕竟，真正的战场在零售商店而非法庭。

品牌策略

在货架上远离仿品

费列罗公司鼓励自己在商场内的业务员和零售商尽量将两种产品在货架上保持最远的距离，这样就减少了消费者将两种产品直接比较的机会。此外，公司还不遗余力地与零售采购员对话，告诫他们在店内销售“伪造”产品时会遭遇到哪些陷阱。

2000 年之后，它的观点有了更充分的事实依据，当时出现了一些备受关注的消费者中毒事件。其中一个悲剧，就是由地方制造的假冒伪劣婴儿配方奶粉引起的。这种配方奶粉几乎没有什么营养价值，因此导致了成百的婴儿营养不良，2004 年甚至有 50 多个婴儿因此夭折。零售商知道张家港乳品厂的“金莎”巧克力不是伪劣产品，它是一个合法的品牌，产品本身也是合格的。但是，对于零售商们而言，费列罗公司最吊人胃口的理由就是，由于费列罗榛果威化巧克力的售价更高，零售商每卖一个费列罗榛果威化巧克力礼盒就能赚到更多利润，因此他们不应该再销售张家港乳品厂的“金莎”巧克力。听起来也许不无道理，但事实上这却是最没有说服力的一个理由，因为多数的零售商还是决定继续同时销售费列罗榛果威化巧克力和张家港乳品厂的“金莎”巧克力——他们有一个很好的理由：两个都有消费者需要。

在中国改革的前 20 年，消费者们已经习惯了各种各样的山寨仿制品，不仅仅是食品。作为中国大变革时代颠覆性的试验期内成长起来的中国消费者，尤其是在 20 世纪 90 年代快速形成的消费主义的影响下，很多中国消费者面对山寨现象从容自若。他们不了解其中的差别，只把山寨现象当作自由市场与生俱来的特点。山寨，成了日常生活的一部分。

毋庸置疑，“金莎”巧克力对费列罗榛果威化巧克力在中国的销售影响巨大；但是，这种影响到底达到何种程度却颇有争议，也几乎无从衡量。这是因为，费列罗榛果威化巧克力和竞争对手“金莎”巧克力虽然看起来极为相近，但是它们相去甚远的价格意味着，两者竞争的是市场的不同区域。换言之，即使商场里没有“金莎”巧克力，很大一部分购买“金莎”巧克力的顾客也不会转而去购买高价的费列罗榛果威化巧克力。

商战角力
CHOCOLATE FORTUNES The Battle for the Hearts, Minds, and Wallets of China's Consumers

毫无疑问，在打击山寨的中国战场上，费列罗公司并非孤军奋战，众多战友之中就有雀巢中国有限公司。雀巢拥有从婴儿配方奶粉到咖啡等几百种产品，其北京的大中华区总部拥有一个实力雄厚的法律部门，这个部门除了负责产品注册和申请许可之类的工作，还负责孜孜不倦地追踪和起诉模仿其产品的厂家。

商战角力

CHOCOLATE FORTUNES The Battle for the Hearts, Minds, and Wallets of China's Consumers

> 在中国维护自己知识产权的代价极为可观，但是如果听之任之而不采取行动，从损失的销售量和长此以往对品牌的损害程度来看，后一种的代价无疑更大。

2005年，费列罗公司决定冒险尝试，它对张家港乳品厂提起上诉，控告它用与费列罗榛果威化巧克力相似的产品迷惑消费者。法院最终判定，张家港乳品厂在未经授权的情况下模仿了费列罗榛果威化巧克力。然而，就在此书创作之时，商店里还是能够看到两种产品在并排销售。费列罗榛果威化巧克力和“金莎”巧克力最终还是在中国消费者那里找到了各自的归宿。

进攻新市场的典范

虽然在当今的中国巧克力市场上，费列罗公司未能独占鳌头，而且在知识产权领域它依然面临着的种种挑战，但是费列罗公司进军中国市场的历程却是不折不扣的成功典范。

在中国巧克力市场羽翼未丰之时，最早对消费者的巧克力观产生重大影响的，就是费列罗公司呈献给消费者的费列罗榛果威化巧克力礼盒。它成功地塑造了人们对巧克力的第一印象，即巧克力是一种散发着异域风情的外国奢侈糖果，它不但反映了买家（或者是赠予人）的优雅品位，而且也是人们脱离极度节俭的生活方式、纵情享受的一种象征。此外，费列罗公司经受住了时间的考验、在中国的变革中找到了自己的前进之路，如今它已经成为中国糖果市场上不可或缺的一员。

• 成功抢占高端礼品市场 •

费列罗公司在中国获得的成功，很大程度上归功于它积极地将费列罗榛果威化巧克力引介到中国人节日期间馈赠礼品的文化之中。20 世纪 90 年代后期，巧克力的个人消费才逐渐盛行起来，而费列罗公司的竞争对手从一开始就竭力将自己的产品推入庞大的消费者市场，由于此时个人消费巧克力的习惯还刚刚萌芽，所以它们在进入中国市场的初期可谓费尽心思。从这个角度而言，费列罗公司则免受其苦。不过，公司的能多益榛果巧克力酱也面临过同样的挑战，因为这种巧克力酱主要是涂抹在面包上，而事实上中国人很少吃面包，吃面包时涂抹巧克力酱的人更是寥寥无几，因此能多益巧克力酱在中国输得一塌糊涂。就像用于个人消费的巧克力一样，能多益巧克力酱不符合中国人的消费习惯。

品牌策略

▶ 根深蒂固的高品质印象 ◀

费列罗公司给消费者留下了巧克力属于高品质（价格也高）产品的印象，并且在消费者中营造和强化着“巧克力的神秘情调”，从而提升了消费者对巧克力的期待值。播放“大使”电视广告就是达成这一目标的方式之一。广告里，管家手托高高堆放着费列罗巧克力的银盘，询问大使可否用它们招待上流社会庆祝晚宴上的贵宾。之后，大使用华丽的词藻对费列罗榛果威化巧克力大加赞扬，参加宴会的客人们也纷纷赞不绝口。在中国消费者中树立的这种形象，不仅让费列罗公司和它的外来竞争对手都深受其益，而且使得整个中国巧克力市场（无论是当作礼品的巧克力还是纯粹个人消费的巧克力）都在一种高价产品的形象下发展。而中国本土的竞争对手无法达到这种品质期望值，所以它们 20 多年里都深陷困境。

费列罗公司关注巧克力市场中高价及礼品馈赠部分的做法，在中国市场可谓“打个正着”。因为这个市场既有针对出售巧克力的高端零售商场的专门分销，又有每年适合赠送巧克力的各种节日，还有揣着零花钱和礼品开支愿意花两天的工资（就大城市办公室普通职员的收入而言）来购买一点奢侈小物品的人们。

与此同时，虽然费列罗公司还有一个流行的口号“让糖果成为日常生活的一部分”，但是到目前为止，费列罗榛果威化巧克力还是没能成为中国日常生活的一部分。尽管费列罗公司还试图将费列罗榛果威化巧克力打入巧克力市场中的个人消费领域，但依然是收获甚微。费列罗公司现在也销售 3 颗或者 5 颗一组，纸盒包装的微缩版费列罗榛果威化巧克力[①]。这些巧克力被放置在零售商店冲动购买地带（例如靠近收银台的区域），目标就是个人消费市场。但是，买东西强调物有所值的中国消费者，更愿意花高价购买费列罗榛果威化巧克力礼盒作为馈赠友人的礼物，而不是奖励自己。此外，个人消费领域的竞争极为激烈，除去与众

① 三颗巧克力包装的费列罗榛果威化巧克力平均每克的售价是德芙巧克力售价的两倍还多。——作者注

不同的包装，与其他竞争对手如吉百利、好时、雀巢和玛氏相比，费列罗榛果威化巧克力并无太多竞争优势。费列罗榛果威化巧克力在消费者心目中的礼品形象如此深入人心，以至于向个人消费领域的扩张有点力不从心。

• 兼具卓识与稳健的费列罗家族 •

费列罗家族在对待中国市场时，目光长远，为了抓住中国不断发展的机会，他们有条不紊、持之以恒。作为家族所有的企业，它不受要求短期回报的股票持有人左右。后者经常迫使上市公司作出短期决策，这样的决策对于公司发展中国贸易和提高整体经营业绩毫无裨益。比方说，即使某年未达到预期的市场回报而导致利润低下，费列罗家族也会欣然接受现实，并从中吸取教训继续发展。但是，在一些上市公司，现实却很残酷，为了发布一组对得起股票所有人的财政数据，公司也可能会无视对业务的长期影响，调节已经推出的指导经营的财政计划和预算规划，采取如提高价格或者削减市场预算之类的措施。

再者，领导上市公司的是职业经理人，他们和家族成员不同。由于外派到中国这样的市场来工作往往只是他们职业生涯中短暂的中转站，以往的经验已经用不到了，经营管理观念也随着一任任经理的变化而变化。一个单独的调节措施和一任经理的变迁不可能击垮一家公司，但日积月累，公司就会大幅地偏离航道。费列罗家族就能免受这种困扰，持之以恒地贯彻、执行他们在中国的策略。

当你知道如何开展工作时，自然容易始终如一地贯彻政策；但是如果你还在

黑暗中摸索成功的正确模式，那时必然是举步维艰。这也是其他巧克力公司在中国改革时代的经历。费列罗榛果威化巧克力先是在香港一举成名，后来又在中国的边境城市大获成功，很显然，费列罗公司的产品、价格、包装、促销和品牌形象这一系列独特的市场组合是奏效的。而且，在中国这个大环境中运作得尤其有效。费列罗家族知道他们胜券在握，他们很明智地选择继续沿着这条路子走下去。费列罗公司在中国的整体策略直截了当：将香港获得的成功原封不动地推向中国，不多也不少。

品牌策略

拉动分销杠杆，维护品牌形象

最初，费列罗公司并没有把销量放在首要位置，而是强调设置分销目标以及督促业务合作伙伴（英和洋行以及后来的慎昌贸易公司）完成目标。分销是费列罗榛果威化巧克力业务发展的主要杠杆。即使因为“金莎”巧克力的缘故费列罗榛果威化巧克力的销量骤减了 50%，费列罗公司依然坚定不移地坚持执行高价策略，因为它料想到，任何降价行为都会削弱自己千辛万苦打造的品牌形象。尽管在香港重新包装能节省一部分成本，但是当地提供的包装材料也必须继续达到公司的高标准要求，在包装方面费列罗公司也决不因此屈就妥协。

费列罗公司还紧紧掌控着营销资金，不断搜寻更经济的促销和广告方式。费列罗公司是早期就积极利用平面广告的少数企业之一。事实证明，相比冲动购买的日常用品，对于季节性的礼品销售而言，平面广告更加行之有效。而且费列罗公司做起电视广告来也与众不同，它不仅使用这个在世界各地都播放的“大使”广告，而且是年复一年地反复播放。

费列罗公司不愿意拿它的成功商品及其在中国的营销策略来冒险，也不准备彻底改造自己的管理风格。费列罗公司在亚洲的运营工作既简洁高效又易于掌控：资深董事们每个季度都会从意大利飞到香港的总部监督工作；一线的员工主要负责确保分销工作到位、保证产品品质新鲜，以及建立消费者的费列罗榛果威化巧克力品牌意识。慎昌贸易公司这样的经销商只是决策执行者而非制定者。这种一成不变的传统管理方式带来了高度稳定的管理模式，确保了商品的分销、店内推销和促销活动，以及与消费者的交流等工作都连贯一致。这些对成功树立消费品品牌至关重要。

• 拒绝过度扩张 •

费列罗榛果威化巧克力本来很有可能在中国取得更大的成功。费列罗榛果威化巧克力的销售主要集中在华南（销量占全国销量的一多半），这一现象表明在中国的其他地区还蕴藏着尚未发掘的机会。但是反过来看，费列罗公司的成功在某种程度上正是归功于它避免了过度的扩张。

过度扩张，对很多在中国开展业务的跨国公司而言，是个诱人的陷阱，主要体现在缺乏足够的市场支持及分销管理，就盲目地将某个商品推向一个城市或者地区。总公司下达的指令、不充分的市场营销活动、利润缩减，甚至是对名声的过分追求都会给公司造成压力，迫使公司超出承受限制向外扩张业务。不幸的是，中国的零售、分销贸易在这一方面毫不宽容。在20世纪80年代至90年代初，外国品牌享受极高的声誉，中国的分销商和零售商们都对外国商品特别青睐。但是，一旦某种商品出现操作不当，那么它就会声誉尽失。如果等它失宠之后，制造商再想为其恢复信誉，就只能指望长时间坚持不懈的努力了。前提是如果信誉还有可能重建。

中国尘土飞扬的发展道路上，遍布着大大小小公司的尸骸，这些公司来到中国只为一举打开销路，但它们高估了在中国切实可行的机会，因而过度扩张了自己的业务。而费列罗公司和它们截然不同，它深知自己的产品对中国市场而言价格过于高昂，所以也没有指望能将产品销售给那里的十几亿中国人。相反，它一直有条不紊地开展业务，就像一束激光一样一直聚焦在市场的最佳位置。

准确契合消费者需求

随着改革的进展，中国经济活动的限制有所放宽。20世纪90年代，中国改革中至关重要的“临界阶段”加速发展，几年之内，中国的巧克力市场景象发生了戏剧性的变化。

在1993年到1996年期间，玛氏、吉百利分别在北京建立巧克力工厂，雀巢也在天津建立了工厂。吉百利、雀巢和玛氏聚焦的是个人消费的产品，而不是作为礼物购买的产品。与费列罗榛果威化巧克力相比，它们产品的季节性不再那么明显。随着常年业务的开展，巧克力生产更加稳定，产能利用的比例越来越高，再加上不用承担那么多的进口税、中国的劳动力和原材料成本低廉，在中国生产用于个人消费的巧克力就变得效率更高，还能大幅度地降低成本。因此，这些巧克力制造商和费列罗公司不同，它们将境内生产视为在华商业模式的重要部分，只有好时公司除外。好时公司是20世纪90年代五大巧克力巨头中，又一个在进口产品基础上创建在华商业模式的巧克力生产商，它没有采用境内生产的模式，而是和费列罗公司一样继续推行分销和营销驱动的商业模式。

与此同时，和大卫·威猛属于同一代的消费者，在中国的各大城市纷纷涌现，他们偶尔会品尝一下比萨、麦当劳汉堡和肯德基炸鸡。这一代人的口袋里有足够的闲钱去购买小奢侈品，他们成了推动中国个人消费巧克力市场发展的先锋消费者。对费列罗公司而言，巧克力销量整体增长的喜讯依然频传，购买用于个人消费的巧克力并没有以牺牲礼品巧克力市场为代价。

随着各大巧克力生产商纷纷开始在华生产巧克力，巧克力的常年需求量不断增长。到了20世纪90年代中期，香港这个“华南丝路”的重要枢纽，不再是巧克力贸易的中心。但是，直到今天，费列罗榛果威化巧克力依然沿着这条路线进口到中国，不过曾经繁荣的灰色市场大部分已经变得黑白分明。

十几年来，费列罗公司一直小心翼翼地维护着自己在中国的知识产权。为此，它投入了大量的精力和资源。只要一想到自己巧克力专利配方以及加工过程会泄露给中国的山寨厂商，费列罗公司就表现得草木皆兵如临大敌，这也就不足为怪了。再者，对于一个像费列罗榛果威化巧克力这样具有高度季节性的产品而言，采用第三方分销商的功效和其他生产商在华建厂的功效一模一样。对费列罗公司而言，在中国建一座一年中有一半时间无事可做的巧克力生产厂将效率极低。基于这些原因，在可以预见的未来，我们都不可能看到费列罗公司在中国建立巧克力生产工厂。

作为全新的巧克力产品，虽然在生产时，费列罗榛果威化巧克力并没有将中国消费者放在心上，但它却恰巧完美地迎合了中国人的口味和馈赠礼品的传统。费列罗榛果威化巧克力最初只是被当作礼物，由跨过边境到大陆探亲的香港人带进中国大陆，但中国新生的巧克力消费者却对它热情异常，使它最终能够打进中国市场，费列罗家族则成功地捕获到了这个机会。可以说，费列罗榛果威化巧克力能这么快速取得成功纯属偶然，因为就在它成形之时，中国巧克力消费者恰恰做好了充分准备，以接受这份从意大利阿尔巴远道而来的礼物。**费列罗榛果威化巧克力是中国巧克力市场上偶然造就的英雄**。不过，对它的主要竞争对手吉百利、好时、雀巢和玛氏而言，它们打响争夺中国巧克力消费者的战役时，事情就没那么简单了。

费列罗SWOT分析 

内部分析 / 外部分析	 S	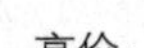 W
	1. 优秀的品牌形象，包装精致； 2. 占尽先机； 3. 强大的经销渠道； 4. 营销效率高。	1. 高价； 2. 中国未建厂，旺季会出现供货难，从而丧失市场； 3. 市场占有率不高； 4. 家族企业。
 O 1. 改革开放初期，中国消费者对新鲜事物的渴求； 2. 巧克力市场一片空白。	**SO战略：增长型战略** 1. 礼品馈赠：按节日形成的淡旺季进行生产销售配合； 2. 高价：强化营销，毫不吝惜的电视广告。	**WO战略：扭转型战略** 1. 强调设置分销目标，督促合作伙伴完成任务； 2. 绝不降价，维护高端品牌； 3. 试图通过小包装抢占个人消费市场，但力不从心。
 T 1. 物流不畅； 2. 山寨横行； 3. 其他品牌瓜分市场份额。	**ST战略：多种经营战略** 1. 加强品质监管，及时清除不合格产品； 2. 维持优秀品牌形象，抢占高端市场。	**WT战略：防御型战略** 1. 与山寨厂商打官司，维权； 2. 作为家族企业，不上市，不盲目追求股票的短期回报，只做对业务有长期发展的决策，并持之以恒。

The Battle
for the Hearts,
Minds,
and Wallets of
China's Consumers

03 吉百利，野心勃勃的日不落帝国

全市场战略

吉百利公司是五巨头中最早靠可可豆发家的企业，它进军中国市场的宏伟战略相当理想主义：让10亿中国人每人购买一块吉百利纯牛奶巧克力。

吉百利简史

1824 年，一个名叫约翰·吉百利（John Cadbury）的英国年轻人在伯明翰开办了一家杂货店；从 1831 年起，他开始销售巧克力饮料和可可饮料。1847 年，约翰的兄弟本杰明成为家族企业的一员，公司自此被称为“吉百利兄弟”公司（Cadbury Brothers）。“吉百利兄弟”公司，是尝试将可可从一种有几千年食用历史的饮品转变成固体巧克力的先驱之一。1849 年，吉百利两兄弟制造出了公司最早的食用巧克力。不过，那时巧克力的味道和质地与今天我们所熟悉喜爱的、质地柔滑细腻的巧克力大不相同。最终这种产品没有获得商业上的成功。

19 世纪 50 年代初期，约翰·吉百利的儿子理查德和乔治也加入了家族企业。1854 年，他们获得了“皇室委任认证”，即准许他们在产品包装的显著位置印制皇室盾形徽章，以证明公司有资质向英国皇室供应可可产品。1861 年，约翰的两个儿子最终接管了公司。5 年之后，乔治购买了一台荷兰产的可可压榨机。自此之后，公司的固体牛奶巧克力研发产生了质的飞跃。这台新压榨机能把可可脂从可可泥中分离出来，因此人们可以进行将多种成分和配方以多种形式反复混合的种种试验。但是，这距离吉百利兄弟俩研发出第一个具有可行性的牛奶巧克力配方还有三十多年，那时已经是 1897 年了。又过了 8 年，也就是 1905 年，他们才研制出后来一举成名的吉百利纯牛奶巧克力的配方。当时，就有了“每 200 克牛奶巧克力中含有一杯半牛奶”的说法。直到今天，它依然是吉百利纯牛奶巧克力的广告语。

到了 1913 年，吉百利纯牛奶巧克力才成为公司产品线上的头号产品，在今天它依然是公司的主打品牌。照现在的标准来看，吉百利新产品的开发进展有些缓慢。尽管 1905 年公司就推出了纯牛奶巧克力，但另一个新产品吉百利奶油巧克力礼盒（Milk Tray）直到1915年才问市；吉百利奶油巧克力蛋（Cadbury Crème Eggs）上市时则是1923年。之后，才有了由最著名的纯牛奶巧克力演变而来的两个产品：1928年推出的水果果仁巧克力（Cadbury Fruit and Nut）和1933年推出的纯果仁巧克力（Cadbury Whole Nut）。1938年，公司开始销售装有用两头旋紧的糖纸包装的巧克力的吉百利玫瑰巧克力礼盒（Cadbury Roses）。

1962年，吉百利有限公司上市。在此之前，吉百利一直是家族企业。随着新资金不断汇入，吉百利公司进一步扩大了产品的种类，包含1964年从英国糖果商詹姆士·帕斯卡尔（James Pascall）那里购买了Éclairs品牌的太妃糖怡口莲。它是一口量大小的巧克力夹心太妃糖，现在已经是吉百利最成功的糖果之一。

1969年，吉百利有限公司与史威夫饮料集团（Schweppes）合并。组建成国际糖果饮料公司吉百利史威夫公司（Cadbury Schweppes），旗下拥有的著名饮料品牌有史威夫俱乐部苏打水（Schweppes Club Soda）、蓝宝（Snapple）、澎泉（Dr. Pepper）。吉百利史威夫曾经尝试将大规模糖果厂推向美国，但却以失败告终。主要原因是它竞争不过美国本土的两家企业好时和玛氏。因为无法打败它们，吉百利史威夫就转而与之合作。1988年它授权好时公司在美国制造并销售自己的巧克力产品。

2003年，公司收购了辉瑞公司的亚当斯糖果厂（Adams Confectionery），进一步扩大了自己的糖果类产品种类。其产品包括很多家喻户晓的品牌如可滋薄荷糖（Certs）、荷氏润喉糖（Halls）和Dentyne口香糖。

巧克力世界的“日不落”

19 世纪，英国服装商人野心勃勃地觊觎中国市场。受到此传统影响，**巧克力制造商吉百利公司制定的进军中国市场的宏伟战略可以说是非常理想主义：让 10 亿中国人每人购买一块吉百利纯牛奶巧克力**。很显然，这是一个异想天开的任务，它反映了吉百利公司无与伦比的自信。它相信，20 世纪 70 年代，在中国打开对外之门后，五大巧克力公司中自己最有机会主宰中国市场。

吉百利公司是这些公司中最早靠可可豆发家的企业，不过在 19 世纪上半叶，它经营的主要产品是巧克力饮料及可可饮料。它还是世界上最早的跨国巧克力企业之一。在 20 世纪 20 年代至 30 年代期间，吉百利公司已经将自己的业务拓展到英国国土之外的其他国家。到 1939 年时，它已经在世界四大洲设有分厂：欧洲、北美（加拿大）、澳大利亚和非洲（南非）。历史上赫赫有名的“日不落帝国”的称谓也适用于吉百利公司。大英帝国扩张到哪里，吉百利巧克力就跟到哪里。英国殖民者聚集的一些城市，如香港和上海，则成为吉百利巧克力接近中国人的通道。吉百利巧克力也因此成为殖民时期中国主要的巧克力品牌。由于对国际贸易经验了如指掌，又在印度市场长期占据主导地位（印度是英国的前殖民地，和中国一样是人口众多的发展中国家），到了20世纪80年代至90年代，吉百利看上去已经整装待发，准备一举夺得中国第一巧克力品牌的桂冠。

20世纪90年代早期，吉百利纯牛奶巧克力是香港家喻户晓的主打品牌，因为整个20世纪80年代，吉百利公司都满足于借助香港在现代“丝绸之路”的枢纽位置将产品销往中国。费列罗公司在香港的分销商英和洋也是吉百利公司几十年的分销商，两家巧克力公司共享一个的灰色市场分销渠道，不过吉百利公司产品的数量相对较少。

与满足于无限期向中国进口巧克力的费列罗公司不同，早在20世纪90年代初，吉百利公司就坚信，必须在中国境内生产自己的产品，这样才能实现向中国人销售10亿巧克力的目标。

玛氏公司是吉百利在中国的主要竞争对手，它是五大巧克力公司中最早在中国生产巧克力的公司。1993年，玛氏公司在北京创建了第一家工厂。吉百利公司认为，玛氏公司在中国生产和销售巧克力的时间越长，自己就越难在争夺中国消费者青睐的竞争中取胜。所以，吉百利公司决定采取意义重大的果断举措：就在玛氏公司在中国建立工厂的同一年，吉百利也紧随其后，开始着手筹备在中国生产自己的产品。

吉百利公司的制造传统和产品生产技术，都体现在具备专利的鲜牛奶产品加工流程中。所以，在进行工厂选址时，首要考虑的就是当地是否存在鲜奶奶源。哈尔滨被列入候选名单，它是远在中国东北的内陆城市，靠近俄罗斯边境。哈尔滨是中国一个主要乳制品的生产中心，雀巢公司也选择在哈尔滨建立其奶粉和婴儿配方奶粉生产设施。但是，如果将工厂建在遥远的哈尔滨，吉百利公司就不得不通过中国当时落后的交通设施（这些设施往最好里说也就能达到美国 20 世纪 20 年代的水平），让这些容易变质的产品跋涉几千公里送往四面八方。而中国的巧克力市场主要在北京、上海和广州这类一线城市的零售商店，它们都与哈尔滨距离甚远。此外，哈尔滨对需要多年在此常驻工作的外国管理者也没有什么吸引力：冬天温度低达零下 38 摄氏度。

吉百利公司最终将厂址选在了北京郊区，这里的基础设施相对完善，而且距离天津新港太平洋港口只有半天的车程。这样不仅进口成本划算，而且将货物运送到华南时还可以选择海运方式。相比中国的陆地运输，海运则更加经济实惠和可靠。尽管这里距离更为成熟的零售环境（消费者市场相对繁荣的上海和华东地区其他人口聚集城市）还有 1 000 公里，即使这样，这个选择也比哈尔滨强多了。

1993 年 10 月，吉百利公司与北京市农工商联合总公司签订了合资协议。北京市农工商联合总公司是一家国有企业，它掌管着北京市及周围的 13 个农场，监管从小麦、玉米到水果、牛奶的所有农作物的种植和加工。这家合资企业被命名为“北京吉百利食品有限公司”（后简称为吉百利中国公司），合资双方的股份比例分别是：吉百利公司占 85%，北京市农工商联合总公司占 15%。这是一座崭新的工厂，一切从头开始，由吉百利公司提供资金、设备和技术指导，北京市农工商联合总公司提供场地。企业接受吉百利澳大利亚环太平洋区（Cadbury Australia Pacific Basin Region）的监督，因为它最接近中国而且对这一地区最熟悉。

尽管北京农工商联合总公司的奶牛场设备落后，而且所产牛奶的质量不高还很不稳定，吉百利公司还是愿意赌一把。它认为，北京的工厂在开工后一切都会改善。吉百利公司在这些奶牛场的设备上进行了大量投资，增加了管道、清洁设备，而且还免费供应消毒剂，期望以此改善牛奶的卫生状况和整体质量。为了进一步解决卫生问题，北京农工商联合总公司还雇用了一队卡车，将每天收集的原料奶运送到第三方机构，第三方机构再负责将牛奶进行加工以供制造巧克力之用。1994 年，吉百利开始创建北京工厂；1995 年，设备安装全部完成。

吉百利的生产设备是一步步安装到位的，所以最初公司先从澳大利亚进口大块的巧克力，然后将巧克力再次融化并重新造型生产出成品巧克力。有了进口巧克力这个中间步骤，吉百利只需委托他人操控造型、包装设备，培训自己的中国新员工操作生产机器，找出整个生产过程中的缺陷，根本不需要制造巧克力——然而，制造巧克力正是生产过程中技术难度最大的部分。1995 年底，吉百利公司就停止进口巧克力，开始在北京的工厂里进行全面生产。

吉百利的3大困境

1996—1997 年巧克力销售季之后，中国的一线城市里进行了一次独立的问卷调查，巧克力消费者要回答两个问题：

- 第一个问题是，消费者是否吃过德芙或者吉百利巧克力？大约 90% 的人回答之前两个品牌都尝过；
- 第二个问题是，他们在过去的 6 个月里有没有吃过德芙或者吉百利巧克力？将近 90% 的人回答吃过德芙巧克力，只有 5% 的人回答过去的 6 个月里吃过吉百利巧克力。

尽管随着中国新工厂的建立，吉百利公司的竞争地位得到提升，不过它在试图将中国消费者培养成纯牛奶巧克力忠实追随者的过程中却遭受了重重挫折。对这种与公司初衷背道而驰现象，有一个行得通的解释，那就是产品的口味——中国早期制造的吉百利巧克力闻起来和吃起来都有股奶酪味。

吉百利澳大利亚区质检专家认为，供应给工厂的牛奶质量还是达不到标准，不同的奶源导致巧克力的味道差异很大。吉百利公司本想赌一把，以为自己能够提高北京农工商联合总公司的牛奶质量，结果它赌输了，这对产品的口味产生了严重的负面影响。

"教条主义"的口味之殇

由于中国巧克力消费者，对 20 世纪 80 年代及 90 年代上半叶进口的澳大利亚巧克力的口味早已淡忘，吉百利公司在境内生产上采取的重要举措，本应该是将口味变化在消费者那里过渡得天衣无缝。**真正能保证吉百利巧克力口味平稳过**

渡的选择之一，本应是在中国建立一个奶粉生产加工厂，用澳大利亚生产的奶粉制造巧克力。吉百利的广告语是“每200克牛奶巧克力中含有一杯半牛奶”，产品标签上与之对应的形象就是两杯牛奶（一杯满、一杯半满）倒入一块巧克力，这是英国广告业最成功也是历史最悠久的品牌形象宣传。虽然使用奶粉而不是鲜牛奶也不能阻碍吉百利公司在中国合法地做此声明，但是，用奶粉加工的观点还是遭到了强烈抵制，因为这么做，就打破了一个世纪以来通过用鲜牛奶生产加工巧克力而获得的世界范围内的成功。

策略反思

教条带来的灾难

尽管困难显而易见，吉百利公司还是决定继续采取鲜牛奶加工工艺制造巧克力。其背后的根本原因是，公司在中国开创事业的决策过程中普遍存在教条主义，即拘泥于复制以往的成功经验而不是迎接中国的现实挑战。

吉百利工业工程师设计工厂设备和生产线的方式，就让这一点彰显无遗。他们熟识自己拥有专利的鲜牛奶加工技术，而且对此感觉良好。毫无疑问，他们在中国遭遇到了当地缺乏巧克力制造机器以及缺少维护供应商的不利现状。在这种情况下，他们在设计工厂时，本能地依靠已存在的鲜牛奶生产设备供应商，而拒绝建造一个采用不同生产流程的工厂。至于生产部门，则认为不必通过引进新的生产流程而白费力气。其实，这本应该是一种谨慎的选择，尤其是在当时中国这样极度落后的环境中。尽管这些都有道理，确实，创建一个鲜牛奶工厂从根本上讲也是最划算的，但是，当公司用中国生产的鲜牛奶去匹配吉百利澳大利亚公司制造的巧克力口味时，面临着诸多不容忽视的挑战，而像他们这么做，却无法应对这些挑战。

创建鲜牛奶工厂后，公司技术难题导致产品走味，其结果自然就转嫁到消费者的身上，所以一下就失去了很多消费者。事实上，决定坚持采用鲜牛奶设备成了吉百利公司的商业和管理上的噩梦，公司因此痛失良机。吉百利纯牛奶巧克力最终没能变成中国第一代巧克力消费者偏爱的巧克力口味。

除了整装待发准备与玛氏公司一决高下，吉百利公司之所以要在中国开设工厂还有一个充分的理由，那就是吉百利纯牛奶巧克力主要是来做个人消费。比起礼品巧克力，个人消费的巧克力业务更稳定而且是长年不断，这样就能保证生产厂在一年的多数时间不至于无所事事，从成本角度讲不至于没有收益。然而，由于很难找到巧克力消费的可靠数据，一年中到底有多少巧克力会被买来做个人消费也不是很清楚。

此外，估算中国发展中的巧克力市场的真正潜力也很不现实，因为中国改革的速度让人头晕目眩，社会的各个方面，经济、政治、社会，都是如此。因此，长远预测自然不够准确。但是这样的估算又是必需的，因为吉百利公司生产投资的规模和程度都要依赖市场评估。这样，吉百利公司的关键问题就成了：未来这些年里，在中国到底能卖出多少吉百利纯牛奶巧克力？业务增长到底有多快？答案本应来自对以下因素最为准确的推测：中国新生的巧克力消费者消费巧克力的数量和频率，主要城市中这些易接近消费者的数量，巧克力市场整体的增长幅度。但是，吉百利公司对这些因素的推测却建立在错误的推理之上。

商战角力
CHOCOLATE FORTUNES The Battle for the Hearts, Minds, and Wallets of China's Consumers

吉百利公司在中国大陆的整体贸易策略，完全地复制了它在香港和新加坡成功的经营经验。费列罗公司能将香港的经营范例成功地复制到中国大陆是因为公司知道自己的产品完全符合中国人馈赠礼品的需求，它不需要太过关心消费者的消费习惯。但是吉百利公司面临的挑战与费列罗不同，吉百利巧克力是用来做个人消费，因此理解并关注中国人的消费习惯至关重要。

香港和新加坡是高度繁荣发展的一流城市，那里的巧克力市场发展得非常成熟，巧克力的销售受到大量游客和商旅人士的影响。香港有 700 万人，每年的游客就有 1 100 万，这些游客多数来自巧克力市场发展成熟的国家，他们有自己固定的巧克力消费习惯——消费数量巨大而且经常购买。吉百利公司在工厂规划阶段，根本没有花精力去进行消费者调查来审度产品在中国大陆的销售规模。它只是简单地以香港和新加坡最畅销的巧克力为样本，甚至连同其包装大小和种类一并复制，确定中国大陆的产品类型。公司断定在香港和新加坡畅销的巧克力在中国也会同样热卖。

吉百利公司在香港和新加坡的明星产品是每包净含量250克的纯牛奶巧克力，这也是通过香港灰色市场进入内地的最畅销的吉百利产品，但是数量要少得多。不过这里面也有点自证预言①的因素：纯牛奶巧克力成为最畅销的吉百利产品，正是因为它是吉百利公司运往中国大陆的主要产品。

只求效率，不看需求

在吉百利公司的工作中还存在另一个偏见：因为大块的巧克力在生产设备上比小块巧克力运转起来更有效②，照此推算，每包250克的巧克力能为未来的吉百利工厂创造更乐观的预期收入。但是，实际上这么大包装的巧克力根本不符合中国新兴消费者的消费习惯，也大大高于其可自由支配的收入能承受的价格。中国消费者更愿意购买更小包装的巧克力。这意味着，如果零售货架上并排摆放着每包250克的吉百利纯牛奶巧克力和每包只有47克的德芙巧克力可供选择，消费者尝试吉百利巧克力的“投资风险”相对过高，所以他们更有可能选择德芙巧克力。

吉百利公司的中国工厂开工后，这个预测上的基本错误会回过头来对公司纠缠不休。那时，吉百利公司才会意识到，要重新为中国消费者调整产品的分量。每包45克和每包80克的吉百利巧克力最受欢迎，而在20世纪90年代末，袋装

① self-fulfilling prophecy，简单来讲就是当一个人对未来有一个期望时，他在行动中会不自觉地根据这个期望去调整自己的行为，恰恰是这些调整最终造成期望的实现。在这里，人的信念或期望对人的行动产生了正反馈的作用。——编者著

② 因为小块巧克力平均每克所需要的包装更多，而两者的生产速度却一样快。——作者注

的一口量大小的巧克力在中国个人消费市场上占据的份额越来越大。这时，吉百利公司又推出了每颗重量为12克甚至仅重6克的迷你巧克力。结果就是，即使生产的巧克力块数能符合生产预期，所产巧克力的总吨数也远远低于预期，这样一来，工厂巧克力生产力的就远远超出了实际需要。

策略反思

照搬之前经验，忽略季节特征

吉百利公司照搬之前的成功经验可谓大错特错，其中它还忽视了一个问题：香港和新加坡都有一流的冷藏分销设施，这意味着在那里可以常年保持稳定的分销水平和销售额。而中国大陆却没有发达的冷藏分销渠道，而且配备空调的零售商店数量也相对较少。吉百利公司无视中国巧克力市场每年繁荣与萧条交替变换的极端季节性特征，过高估计了这个实际上规模小得多的市场的实际需求，结果也就过高估算了应有的巧克力产量。节日旺季之后，温暖的天气接踵而至，吉百利公司的冷藏供应链却不足以保护自己的产品，热量把产品表面侵蚀得斑斑驳驳。

吉百利公司对产品销量过度乐观的预期导致产量大幅过剩、成本也随之大幅攀升，吉百利中国公司开始感受到它所带来的巨大影响。1994年，吉百利中国公司接替英和洋行在中国大陆销售和分销自己产品，当时吉百利产品的销售范围已经有效地覆盖了北京、上海和广州三个城市。在1996—1997年的巧克力销售季，吉百利公司新成立的销售部门又成功地将吉百利牛奶巧克力的分销推广到其他 10 个城市。但是，工厂生产的产品还是远远超出了吉百利巧克力的销量，在短暂的销售旺季里，平均每天的零售量也大大低于预期，仓库和零售货架上囤积着大量卖不出去的存货。急于将积压库存出清的吉百利公司开始对消费者大幅让利，公司将巧克力打五折出售。在巧克力销售季初，销售价格甚至能降到原来的三分之一，这是疏通分销通道给新商品让路的最后一搏。**存货积压的问题导致分销、零售业界对吉百利巧克力失去信任，这给公司的品牌形象带来了重创。**

● 凡事亲力亲为，却不了解国情 ●

20 世纪 90 年代初，吉百利公司酝酿在中国建厂计划时，它发现，作为出口贸易典范的吉百利牛奶巧克力在中国的销售却毫无生气。而通过“华南丝路”的枢纽香港，向中国进口成品巧克力的贸易却在短期内就起了作用，所以吉百利确信，只要自己的贸易受控于他人（分销商、经销商和批发商），它就一直无法发掘自己的产品潜力。它推断，任何一家企业要想严肃认真地发展业务，必须从根本上掌握自己产品的命运，就要把从境内生产到销售分销的独自管理权都控制在手里。因此，吉百利公司相信，随着自己工厂的建立，自然而然就可以立即接管自己产品的销售、分销和产品收款。尽管这个观点有理有据，而且对吉百利公司而言，在世界上其他地方都行之有效，但是它忽视了一个事实：中国的分销设施正处在发展过程中，现状极其复杂，而且要建成可靠的冷藏供应链，在不断摸索中检验新的经销商以及建立高效的独立销售机构都需要耗费大量的时间和精力。这些挑战都异常艰巨，外国公司几乎都没有做好足够的迎战准备，吉百利公司也不例外。

吉百利在中国建立工厂时，中国的商用标准和具体商业实践，都还处在从国家统筹规划的计划经济模式向市场经济模式过渡的早期阶段。因为缺乏广泛通用的商业规范，所以在建立有效的分销体系时，最为关键的就是供应链内各个环节之间的个人关系。

例如，中国商业体系中缺乏约束普遍拖欠付款现象的机制，而且似乎销售地距离公司大本营越远付款越不易到位，尤其是跨越省份销售的时候。鉴于这种情况，大多数跨国公司都坚持自己城市的分销商要么现金订货，要么就通过一家国内总分销商。总分销商往往是规模更大、已被大家认可的公司，它们拥有多个跨国公司客户，因此经济上必然更加稳固，而且因为它们与全国各个城市的分销商和零售商有着良好的合作关系，在付款方面也更为可靠。例如，玛氏公司在中国公司的开创阶段就与一家总分销商合作，效果令人瞩目。

吉百利公司炒了前国内分销商英和洋行的鱿鱼，自己担当起分销和销售的重任，但它自己根本无法胜任此职，只是让公司的运营变得更加复杂。吉百利公司本来就疲于应对调整产品口味的挑战，此时，在中国创建一流的销售、分销和付款组织又成为它难以承受的重任。而且,中国的巧克力贸易依然具有高度的季节性，个人巧克力消费也不例外。吉百利中国公司拥有全套全年不停的生产、销售和分销运作系统，承担着随之产生的所有成本费用，但是其零售贸易却具有高度的季节性。结果，公司遭受了巨大的资金流失。此刻，吉百利公司必须采取紧急措施，因为它在争夺中国第一代巧克力消费者心灵与味蕾，战争中的败势与日俱增。

提升口味，促进销售

要让公司业务走上正轨，吉百利中国公司的首要重任，就是找到巧克力口味问题的解决方案。吉百利公司下定决心坚持鲜牛奶加工程序而不是转而依赖进口奶粉。1996 年到 1999 年，公司的质量监管专家额外增加了对牛奶奶源及其加工过程的监管，力图以此解决产品的口味问题。公司在奶源选择上更加精挑细选，为了从三个奶牛场中收购到最高品质的牛奶，它设置了专项奖金。

在加工过程中，吉百利公司进口了挤奶机器，通过改善卫生状况、提高冷却系统效率，使奶厂的牛奶得以更好地保存，从而减少巧克力中的奶酪味。澳大利亚基地的牛奶加工专家每年都来中国 6 次，帮助培训农场场主正确使用新设备和杀菌剂的方法。毕竟花费了好几年的时间而且耗费了不少资金，付出的努力最终也得到了回报，中国公司生产的巧克力最终达到了吉百利牛奶巧克力的标准。但是，至于中国的巧克力消费者能否原谅吉百利公司在产品口味上的重大失误，公司能否在分销及零售贸易中有效地重新树立自己的地位，就只能靠时间来证明了。

商界里通常有种观念，认为强有力的销售会掩盖先天不足。吉百利公司如果对中国工厂坚贞不渝，它唯一的选择就是通过销售摆脱生产力过剩的困境。吉百利中国公司利用过剩生产力的方式之一就是为其产品寻找出口市场。尽管它成功地向其他亚太地区市场出口了许多特制商品，如售往日本的礼品包装巧克力、售往香港和澳大利亚的巧克力饮品，但是这些出口产品的数量一直相对较少，无法产生能够充分利用过剩生产力的产量需求。真正的解决之道还应来自中国大陆本身，通过本土销量的快速增长来解决根本问题。

品牌策略

业务重心锁定一二线城市

1997—1998 年巧克力销售季期间，吉百利公司把地域推广的范围扩展到中国 25 个主要的一线城市和二线城市，因为这些城市之外的其他地区零售商店质量和潜在销售量都骤降。公司把重心转移到提高这些城市的营业额上来，而且调整了北京、上海和广州三个最大城市的分销和销售方式。

当时，北京成熟的大客户相对较少。北京四季分明，因此大量没安装空调的小型零售店铺的巧克力销售季也相对较长。吉百利公司就组建了一个小型商店销售队伍，分散在城市的四面八方，直接把产品销售给这些零售商店。与此同时，它允许一家城市经销商给北京为数不多的重要客户集中供货。

相比之下，上海的零售环境则被几家大型的重要客户把持着，如家乐福超市、万客隆超市等（它们又迅速增生出 1 000 家经销店），还有一些装备了空调的便利店。小型商店，如不装空调的小型零售店铺，在巧克力销售中只占相对很小的一部分，因为上海的冬天既短暂又潮湿，这就使这些商店的巧克力销售季大大缩短。因此，吉百利公司取消了上海的分销商，建立起自己独立的销售队伍，向城市的重要客户直接销售产品，而对小型商店就任其自由从批发市场购买它们需要的产品。

由于广州处在亚热带，这里的季节性分销水平呈现出剧烈的波动。无空调商店的巧克力销售季极其短暂，可能最多也就3个月。然而，这个城市却有两个有利因素：第一，来自附近香港强有力的影响。在香港，吉百利是个家喻户晓的品牌。第二，广州还是在中国经济特区实验中经济直接受益的最初一批城市之一。结果，广州成为中国发展程度最高、基础设施最完善的城市之一。尽管吉百利公司在广州的重点客户比上海少得多，但是这个城市具备相对完善的冷藏分销体系，而且配备空调的零售设施也相对完备，所以吉百利就选择自己直接对重点客户销售产品，而让当地分销商抓住机会向小型商店警醒销售。

最终，吉百利公司建立起一个拥有大约200人的销售员和业务员的机构，这些人员遍布这三个主要城市。公司为这三个城市度身打造了独特的分销和销售方案，同时利用下级分销商重点关注其余17个销量最好的城市，这对90年代后期吉百利公司销量的增长产生了重大影响。但是**仅仅改善巧克力的口味，提高公司的营销、分销，并不能保证吉百利公司就能成功主宰中国巧克力市场。**吉百利中国公司并非独霸市场，它的主要竞争对手玛氏公司也不会在一旁袖手旁观，让吉百利将生意打理得井井有条。

个人巧克力市场争夺战

20 世纪 90 年代末，随着中国巧克力个人消费部分的飞速增长，吉百利和玛氏公司陷入了争夺个人巧克力消费市场核心部分——40 克～ 80 克巧克力排块的白热化肉搏战，而主战场就是销售巧克力排块的零售商店的货架空间。吉百利公司仍然忙于应对自身的挑战和高昂的开支，因此有点招架不住与玛氏公司展开的耗资战。作为一家在中国损失不断攀升的上市公司，总公司不能容忍针对巧克力排块进行无限制的消耗战。而作为家族企业的玛氏公司却资金充裕，它坚持采取压倒性战略，只给吉百利公司留下执行赶超销售方案的有限机会。

玛氏公司在中国制造和销售德芙巧克力的时间比吉百利公司早将近 3 年，所以，它对这场战争准备得非常充分。玛氏公司通过在媒体上投入巨资主导了市场，其广告语“丝般感受”将品牌与巧克力在中国巧克力消费者心中滋生出来的自我放纵和神秘感有效地结合在一起，主要方式就是通过电视广告瞄准中国核心巧克力消费者：不断涌现的年轻城市白领。此外，生产德芙巧克力时运用的几乎全部都是进口原料（包括奶粉），这也履行了它所承诺的恣意享受巧克力的体验。

吉百利不仅在媒体投入方面落后于玛氏，而且它使用的是曾为其他市场准备的广告，仅仅添加上汉语画外音。它的经典广告语“ A glass and a half of milk in

商战角力

CHOCOLATE FORTUNES The Battle for the Hearts, Minds, and Wallets of China's Consumers

every half pound of milk chocolate”直接译成“每200克牛奶巧克力包含一杯纯牛奶”，显得了然无趣。尽管这句广告语信息量丰富，但是它没法向德芙巧克力那样，用饱含深情的“丝般感受”引起中国消费者的共鸣。原因之一，就是那时中国人并不经常买牛奶，所以他们很难想象杯子里装多少牛奶才满，是很多呢还是很少？这个形象无法帮助消费者认同吉百利牛奶巧克力，也没法让他们把这个品牌与巧克力自我放纵的神秘寓意联系起来。

在零售一线，玛氏公司凭借其标志性的竞争热情，积极地利用吉百利巧克力的口味缺陷以及在分销上的弱点，保证自己的产品总是霸占着零售货架。由于有重要国内分销商资源为玛氏公司效力，玛氏巧克力的供货一直比吉百利充足；由于产品周转率更高，玛氏的产品就更新鲜；此外，在一支敬业的店内业务员队伍的努力之下，玛氏产品促销得更好，成为中国巧克力零售货架上的焦点。在销售旺季，玛氏的展品总是数量最多，推销得最好而且总是占据最有力的地势。而旺季结束后，玛氏公司又总是第一个展开强有力的货存出清活动，从而确保了向淡季的平稳过渡。

吉百利公司在制定中国市场渗透计划时有一点判断得很对：它知道玛氏在当地运营得越久，工作高利率就越高，最终它会成为自己难以击败的竞争对手。在2001—2002年巧克力销售季，在上海及众多繁荣的卫星城市构成的这个重要市场，玛氏在巧克力市场的领先地位显著扩张，吉百利曾经把市场第二把交椅的位子也拱手让给了好时公司。好时公司只不过在中国设立了一个代表机构来输入自己的产品。

品牌策略

调整配方，向玛氏看齐

吉百利公司孤注一掷，力图扭转吉百利纯牛奶巧克力业务的败局，研发出了为中国市场独家定制的牛奶巧克力新配方。2002 年，吉百利中国公司转而生产新配方巧克力，这款巧克力的味道和口感与德芙巧克力极为接近。事实上，这正是承认了自己在争夺中国第一代巧克力消费者偏爱的巧克力之战中，以失败告终了。

尽管，吉百利公司为改变巧克力业务的命运用尽全力去尝试，只不过它做得太少也太迟了。吉百利公司努力想跟上中国巧克力市场迅速成长的脚步，但事实证明，它不是市场的领导者，只是其中的一名参与者。

尽管吉百利在中国的巧克力业务可能有所消减，但是吉百利公司并没有完全退出糖果市场的竞争。1996 年，中国制造的第一批怡口莲从生产线上生产出来，它们立刻就受到中国消费者的欢迎。中国人最喜欢单独包装，一口量大小的糖果，怡口莲恰恰符合了这个要求。它们甚至在馈赠礼品的习俗中找到了一个商机。现在新郎和新娘在婚宴上向来宾馈赠怡口莲喜糖已蔚然成风。到了2000年，怡口莲的销量已经占到公司产品总销量的一半。

吉百利怡口莲业务取得了辉煌的胜利。2003年，吉百利收购亚当斯糖果厂又进一步推动了吉百利中国业务的发展。收购亚当斯糖果厂时，荷氏润喉糖已经在中国广泛销售而且有了稳定的消费群，业务已经相当稳固。尽管这些辅助业务在财政方面给吉百利中国公司打了一针强心剂，对维持公司营运起到了重要的作用，但它们对吉百利纯牛奶巧克力业务几乎于事无补。

最后一击：领导层垮台

吉百利中国公司的第一任总经理的任职时间是1993—1996年，他一生都就职于吉百利公司，从生产部门一步步晋升上来，负责了工厂的创建工作。后来，他转而主管店内销售和分销工作。不过真正领导吉百利中国公司起步的是1996—2001年在任的第二任总经理，他接过了吉百利中国公司纷繁复杂的运营和商业难题。他的下属们这样描述他：有卓越的领导能力，能在危急关头应对纷至沓来的重重危机，最高明的是能与吉百利中国公司各色的利益相关者建立起有效的工作关系，从工厂工人到技术专家到合资合伙人再到中国消费者。巧克力口味调整的技术难题得以解决，吉百利中国公司的全国销售和分销组织也已经建立起来，人们一致认为，是他解决了主要的技术问题。尽管他的领导为吉百利中国公司带来了一些希望和短暂稳定，但是好景不长。他离任之后，吉百利中国公司又进入了混乱期。此时，吉百利中国公司的领导层对公司在华商机的破坏或许比之前任何一次危机带来的破坏都要大。

> 2001年，新任总经理接管了吉百利中国公司，这是吉百利中国公司的第三任总经理，但是他只待了不到一年。接任的是另一名总经理，这位总经理具备资深的营销和销售背景，极有希望帮助吉百利中国公司的商业运营重新恢复活力，但是他也在一年之内就离职了，那是2002年，他还没来得及对公司业务产生实质性的影响。
>
> 从2002年到2004年底，吉百利中国公司设法让另一位新总经理连任了两年。到了2005年，吉百利中国公司第一任说汉语的总经理走马上任，他是马来西亚籍华人。与前任们相比，他与中国市场有更紧密的文化联系，他在任期间采取了作风强硬的管理风格，但是他的在位时间也不到两年。结果，这两任总经理都没有获得成功，在他们在职期间，吉百利纯牛奶巧克力业务反而还萎缩了。2006年，来自吉百利印度公司的过渡经理暂时挑起大梁；2007年吉百利中国公司的现任经理走马上任。

在公司现任总经理之前，这些年里一共有6位总经理带来了自己推广吉百利纯牛奶巧克力业务的不同理念，但均以失败告终。此外，新面孔接连不断、策略导向不停变化，吉百利中国公司内部产生了一种连续不稳定的气氛，对企业内员工的士气产生了不利影响。

那些对文革时期社会混乱场景记忆犹新的雇员们，对这种混乱的秩序和由此而生的派系内讧普遍不满。然而，与文革不同，不满吉百利中国公司的员工可以用行动做出选择，最高效、最具生产力的人们纷纷另谋高就。与此同时，公司却越来越难吸引到人才。无所作为的公司领导层不能为公司描绘统一的前景，雇员们更关心如何在混乱的公司内部得以生存，而不是在消费者中确立吉百利纯牛奶巧克力业务，所以整个组织的内耗越来越严重。

吉百利公司曾认为，在五大巧克力公司中，自己已做好了占据中国市场的充分准备，这一点它没有看错。但是从它在北京开设第一家工厂起，整个公司就深陷内部事务无法自拔，因而严重背离了在中国培养吉百利巧克力追随者的主要任务。吉百利中国公司走马灯似的更换领导者削弱了公司的士气。即使吉百利纯牛奶巧克利业务有复兴的机会，这些任期短暂的领导人也无法振奋士气从而成功地推行复兴计划。苦不堪言的吉百利公司根本无法向玛氏公司发动具有凝聚力和竞争力的反击，结果其巧克力业务只能连受重挫。

截至 2008 年，中国吉百利巧克力销量只占公司全球销量的 0.5%。销售 10 亿吉百利纯牛奶巧克力，让每个中国人人手一块的宏伟蓝图只能是个无法实现的梦想了。

吉百利SWOT分析

内部分析 / 外部分析	  S	 W
 O 1. 改革开放初期，中国消费者对新鲜事物的渴求； 2. 人口众多，潜在巧克力消费者群体可观。	1. 世界上最早的跨国巧克力企业，巧克力世界的“日不落”； 2. 丰富的国际贸易经验； 3. 在国外市场口碑好，广告语家喻户晓。	1. 中国本地鲜奶奶源质量达不到要求； 2. 技术难题； 3. 对中国市场盲目乐观； 4. 领导层不稳定，内耗严重。
	SO战略：增长型战略 1. 建厂，以便大力发展个人消费市场； 2. 制造生产效率高的大包装巧克力，但这却不符合中国消费者需求； 3. 直译广告，这无法反映出深层内涵，没有吸引力。	**WO战略：扭转型战略** 1. 在设备上大量投资，开支高昂； 2. 曾企图通过把进口巧克力融化再造型，以找出设备缺陷。最终难改口味的负面影响。
 T 1. 生产环境和设施不佳； 2. 中国发展日新月异，市场容量和消费者需求难以评估； 3. 冷藏分销渠道不完善； 4. 来自玛氏的威胁。	**ST战略：多种经营战略** 1. 完全复制了在香港和新加坡的经验； 2. 自己承担产品的销售、分销和产品收款，但忽略了中国分销设施的复杂现状； 3. 推出怡口莲，受到热烈欢迎，在一定程度上弥补了巧克力业务的失败。	**WT战略：防御型战略** 1. 坚持采用鲜牛奶制造巧克力，导致巧克力口味不佳； 2. 大力增加销售来摆脱生产力过剩的困境，如寻找出口市场、提高重点城市营业额等； 3. 为扭转败局，开发出与德芙口味非常接近的新配方。

CHOCOLATE FORTUNES

The Battle for the Hearts, Minds, and Wallets of China's Consumers

04 好时，不落窠臼的洞察大师

低风险高回报战略

在几乎没有任何知识和经验的情况下，好时遵循着创始人米尔顿在错误和试验中不断摸索的模式，通过回归贸易本源，进入了世界上最具挑战性的市场。

好时简史

和竞争对手费列罗、吉百利、雀巢以及玛氏公司一样，好时公司也是以创建者米尔顿·好时（Milton S. Hershey）的名字命名的。1857年，米尔顿·好时出生在宾夕法尼亚郊区，离今天好时公司的总部不远。米尔顿在学校的正式教育到四年级就结束了，之后他做了一家印刷厂的学徒工。由于对这项工作毫无兴趣，几年之后他又去宾夕法尼亚州兰卡斯特的一家糖果店当学徒。正是在这里，他找到了自己的兴趣所在。19岁时，米尔顿离开兰卡斯特去了费城。1876年，他在那里创建了米尔顿糖果批发零售公司，但是6年之后这家公司就倒闭了。米尔顿毫不气馁，1883年，他又卷土重来，当时他把公司开在了纽约，不过这次冒险的商业尝试又失败了。1886年，米尔顿返回了兰卡斯特，虽然他一文不名，但依然斗志未消。很快，他又重新站了起来，创建了兰卡斯特焦糖公司，最终取得了商业上的成功。为了这个成功，他进行了漫长的艰苦奋斗。

其实，这个来之不易的成功也远没有发挥出米尔顿·米尔顿真正的潜力。1893年，米尔顿在芝加哥世界博览会上迈出了决定命运的第一步，他购买了一台制造巧克力的机器。这一步引领着米尔顿成长为美国卓越的巧克力制造商。

1894年，他创办了好时巧克力公司，开始生产各种巧克力产品，包括裹了巧克力的太妃糖和烘焙巧克力，公司的业务增长迅速；1900年，米尔顿把兰卡斯特焦糖公司出售给别人，用出售公司的收益在宾夕法尼亚州的德利郡建造了一家大型的巧克力工厂；1905年，今天的宾夕法尼亚州好时公司最终成型，时至今日仍在运营。好时公司的主要产品是1900年问世的好时巧克力排块（Hershey's Bar），而好时Kisses巧克力则于1907年上市。如今，好时巧克力在美国已成为一个无人不知的品牌。

1945年10月13日，刚刚过完88岁生日的传奇人物米尔顿·好时阖然离世。作为一名实业家和慈善家，他给后世留下了丰厚的遗产。1909年，米尔顿和妻子凯瑟琳共同创建了“好时工业学校”。这是一所收容男孩的孤儿院，后来改名为“米尔顿·好时学校”。1915年好时先生痛失爱妻，没有后人继承这大笔财富，于是他将几乎所有财产包括好时公司的股份捐献给了“米尔顿·好时学校”的基金会。这个基金会今天依然持有30%的公司股份，掌控着好时公司的主要投票权。好时先生的后半生主要投身到各种各样的慈善事务中，这种回报社会、奉献社会的价值观成了公司文化不可缺少的一部分。

从商业的角度看，好时先生百折不挠的精神和对梦想的执著，为后人带来了丰厚的回报，这一点也许连他本人也没有想到。他去世后，好时公司在1963年收购了里斯牛奶花生酱巧克力，公司业务继续保持良好增长。之后，公司的产品系列进一步扩展，拥有了嘀嗒牌薄荷糖等非巧克力糖果。

尽管好时公司成了美国标志，但它在美国市场上也不是一枝独秀，好时公司还面临着主要来自玛氏家族的强势争夺。玛氏公司拥有很多强有力的品牌，如德芙、士力架和M&M。在20世纪70年代早期，由于玛氏公司和其他厂家的竞争，好时公司在美国巧克力市场的主导份额开始受到侵蚀。好时公司被迫苦苦奋争了20年，通过国内业务增长和国外收购两种方式，才从玛氏公司手中重新夺回主导地位。

不落窠臼的洞察大师

有这么一个寓言故事。在20世纪初期，一家鞋厂厂长希望到国外市场拓展业务，于是他派自己经验最丰富的销售员登上一艘快船，赶赴非洲去探索全新的商机。经过两个星期的长途跋涉和一个星期的实地考察，这名销售员发回了一封电报，电报里写着："安全抵达，当地人不穿鞋，无商机，下班船返航。"鞋厂厂长毫不气馁，又派去了一个没有什么经验但斗志昂扬的销售员。经过长途跋涉和一个星期的实地考察，这名销售员也发回了一封电报，电报里写着："安全抵达，当地人不穿鞋，商机多，派人协助。"

好时公司早期在中国获得的成功，也可以归功于像寓言故事中那个缺乏经验的销售员一样不落窠臼的洞察力。好时公司没有根深蒂固的国际业务教条，来阻挠其迎对未来的挑战，尤其是在中国这样经历着根本变革的国家。

品牌策略

回归本源

没有现成的国际业务模式可以借鉴，别无选择的好时公司只能依靠其在美国发展巧克力业务的基本准则指导在华业务。他们只能回归本源。如此一来，采取低风险高回报的市场进入策略，就成了他们的最佳选择。事实上，在中国不断变化发展的经济环境中这也成为极具竞争力的优势。

用分销商推动国际业务增长

20 世纪 80 年代末期，尽管好时公司成功地重新夺回美国巧克力市场的主导权，但是，这个胜利却是因为它几乎将全部精力都投放到美国市场的缘故。好时公司在北美之外的业务只占公司总销量的不到 10%。而且公司在国际市场上的能力有限，它开展的国际业务模式的试验无一成功。

好时公司在美国市场的主宰地位，在美国消费者中无可比拟的品牌资产，有力的国内销售及分销运作，再加上美国市场相对稳定，这一切一直让好时在国际市场中错失种种机遇。不过，在 20 世纪 90 年代，面对增长缓慢的成熟巧克力市场，这家糖果制造商被迫到海外寻找增长机会。遵循米尔顿创建好时公司时在错误和试验中不断摸索的模式，好时公司采取了一系列重要的国际市场新举措。

早在 20 世纪 70 年代，好时公司就已经设立了国际分部，但是其主要精力还是放在特许经营、企业并购和合伙投资上。事实证明，规模庞大且发展成熟的欧洲市场，对好时公司而言是个很难攻克的难关，主要是因为欧洲对美国巧克力持否定态度。欧洲的巧克力传统历史悠久、根深蒂固，与美国的巧克力传统有着截然不同的发展轨迹。几十年来，5 美分的好时巧克力排块一直都是公司的核心营销手段，即用经济实惠的价格卖给老百姓高质量的巧克力。这一点对好时公司太重要了，以至于公司不得不根据原材料价格的变化经常调整巧克力排块的大小，以确保消费者的 5 美分花得物有所值。与好时公司的群众市场和群众生产策略形成鲜明的对比，有着几百年历史的欧洲巧克力传统源于贵族嗜好，是以手工制造、品质优良以及相应的高昂价格而著称。瑞士雀巢公司和英国吉百利公司是最早将固体牛奶巧克力工业化生产的两家企业，这让欧洲人不太看得起美国巧克力，认为它平淡无奇，这就迫使好时公司不得不在欧洲展开一场艰苦卓绝的战争，来改变欧洲人对美国巧克力先入为主的偏见。在德国开展的一场小组讨论中，消费者对好时 Kisses 的反应可以流露出公众对好时的看法。一些德国消费者说，一看到挂在好时丝带旗上的那颗 Kisses 巧克力，他们就想起卫生棉球。

商战角力

CHOCOLATE FORTUNES The Battle for the Hearts, Minds, and Wallets of China's Consumers

20 世纪 90 年代早期，好时公司试图收购瑞典马拉伯糖果公司（Marabou），但在竞标时却输给了菲利普·莫里斯公司。莫里斯公司也在寻求进一步扩大公司规模，其公司早已包含多个经营方向各不相同的子公司。好时公司试图通过所谓的“百衲被[①]策略”（Patchwork Quilt Strategy）从这次高调收购活动的失败中振作起来，最基本的思想就是：通过对欧洲巧克力和非巧克力糖果制造商的一系列战略性收购活动，在欧洲集结一批从生产部门到销售部门各具发展潜能的公司。这些公司一旦结合在一起，就会让好时公司在欧洲市场占据强有力的全面竞争地位。为了达到这一目标，20 世纪 90 年代初期，好时公司成功地收购了德国古博·斯科拉登公司（Gubor Schokoladen）、意大利的斯伯拉瑞公司（Sperlari Srl）以及荷兰的杰名公司（OZF Jamin）。

古博公司生产的是价格高昂的盒装果仁糖和巧克力，但是效益不佳。不过好时公司相信，通过优化管理、将其合并到欧洲系列公司中就能解决这一问题。购买这家公司之后，好时公司才意识到，高成本已经深植于古博公司的营运模式之中，要从中清除并非之前想得那么简单。部分原因还来自古博公司内部，那里存在着一股坚决反对改变的力量。古博公司难以替换的高成本运营模式，不像好时公司之前预想的那样，能够协助公司增强在欧洲的竞争力。

斯伯拉瑞糖果公司拥有自己的销售队伍，他们通过高端现代贸易渠道（大型商场、超市和便利店）进行集中分销。但是，要想取得长远的胜利，糖果销售就

① 百衲被，是用多种不同色泽不同形状的布块拼接缝制而成的一种薄被。百衲被风行于贫民阶层，后来逐渐发展成美国民间广为流传的家庭手工艺品。——编者著

需要各种尽可能广泛的分销渠道，尤其是所谓的低端渠道（夫妻店、小型地区零售铺、售货亭等）。缺乏延伸到低端渠道的分销网络，仅凭收购斯伯瑞拉公司增强的能力，好时公司还是几乎没有机会打入欧洲糖果市场。

杰名公司向好时公司提供签约生产服务，好时预想着它能成为正在崛起的东欧市场的产品生产商。但是，好时公司却没有充分运用杰名公司的实际生产能力。根本没有足够的消费者基础，这次收购也不怎么合理。

1996 年，好时公司放弃了对这三家欧洲公司的收购，因为这加剧了公司内部在国际业务上的扩张消极观念。开拓欧洲市场失败了，要继续开拓国外市场，公司被迫另寻出路。在 20 世纪 90 年代中期，好时公司通过芬兰的临时仓库向俄罗斯出口美国制造的产品，确实取得了一些成功。这一业务飞速增长，当年销售额达到 2 000 万美元大关时，好时公司开始着手在俄罗斯建立生产机构。俄罗斯出口贸易的成功和杰名公司收购事件的失败，最终催生了“先巩固业务，再创建设备”的策略，这一策略在 20 世纪 90 年代中期在好时国际分部扎下根来。

1997 年春天，好时公司引进了一个外来人才，安排他担任好时国际公司的新领导。聘任一个外人备受争议，因为好时公司一贯是从公司内部挑选公司领导。这位新领导上任后立即采取了大胆措施，给国际部门做了新的定位，明确目标，力求成功。他认为，就像 20 世纪 80 年代 IBM 大型电脑业务给一度羽翼未丰的个人电脑业务蒙上了阴影一样，如果国际团队继续待在好时公司总部，他们还会在国内业务的阴影里停滞不前，无论在国际业务上付出多少也不可能获得冲破藩篱的契机。他首要举措之一，就是说服公司管理层允许他将国际分部迁出宾夕法尼亚州好时公司总部。

这是公司前所未闻的建议，也不得人心。因为公司的文化深深根植在其故乡主题乐园模式[①]的环境中。国际分部新办公室的地址选在南佛罗里达，因为这里有通往当年好时最大出口市场拉丁美洲的便捷通道，而且这里是公司吸引国际人才的理想场所。

品牌策略

用分销推动国际业务

好时国际公司的新领导打算通过分销商模式推动好时国际业务的增长，这种模式强调将资源投资在市场营销和分销上，而不是投资在像俄罗斯工厂这样的固定资产上。他上任 6 个月之内，就取消了在俄罗斯建立工厂的计划。之后，好时公司的业务也退出了俄罗斯。过了不久，俄罗斯就陷入了清偿危机，经济自内而外出现崩溃，很多外国公司都遭受巨大损失。从事后看来，至少就目前而言，取消在俄罗斯建立生产厂的计划是一项很好的决策。

① 好时公司总部所在地好时镇，就是公司创始人米尔顿·好时一手打造的。在 20 世纪上半叶，好时镇就等于好时公司，镇上的居民几乎全是好时公司的员工。好时公司几乎建造了镇上一切公共设施，并带头把好时镇建成美国小城镇绿化建设中的模范。好时镇建有三座大型的好时巧克力工厂，还建有美国最大的巧克力主题乐园，每年吸引大量游客参观。——译者注

布局亚洲，锁定中国

大约在好时国际公司的新领导刚刚走马上任的时候，好时公司早期的国际业务发展新举措也开始有了收获。这次新举措始于 1994 年，公司创建了三个小组，以为其产品探索国际业务商机。每个小组都由三种职能的专家组成：销售专家、物流专家和财政专家。每个小组都被指派负责一个地区：东欧、拉丁美洲和亚洲。好时公司在欧洲的失利，以及前苏联国家在 20 世纪 90 年代的时局动荡，导致了无人建议公司在东欧采取主动出击的商业计划。因此，东欧的创新小组胎死腹中。

> 拉丁美洲小组共同整合了一个商业计划，使得好时公司在 2001 年成功收购了巴西品牌 Visconti，并改良为好时巴西巧克力（ Hershey do Brazil）。亚洲小组也发现了亚洲市场的巨大潜力。尽管好时公司在亚洲国家如日本、韩国、菲律宾出口业务的规模不大，但是这个地区存在的最大的机会就是与欧洲不同，好时不用面对顾客对其巧克力先入为主的观念壁垒，它可以以相对新鲜的面貌出现在消费者面前。好时公司最大的挑战，在于亚洲由一系列文化独具特色的国家组成。这些国家的经济发展程度，巧克力以及好时巧克力发展的阶段各不相同，因此每个国家都需要独特的经济策略。

负责领导好时公司打入亚洲市场的，是为好时公司效力了 20 年的老将，第二代好时人托德·约翰逊（Todd Johnson）（化名）。此人是好时公司精心挑选出来的，好时人称赞他“流淌的血液也是巧克力”。在公司内，他有着广泛的工作经历，曾经承担过各种职位的工作，包括营销、财务、供应系统，而且一度在斯伯拉瑞工厂收购事件中，担任美国国内办公室的营销联络员。凭借对巧克力业务基本原理的透彻理解，约翰逊周游亚洲各地，开展基本的市场调查活动。他与任何愿意和他交谈的人谈话，甚至包括竞争对手。

最初让约翰逊产生兴趣的国家是印度尼西亚、印度和中国。印度尼西亚之所以榜上有名，是因为这个国家相对庞大的人口数量，但是很快它就从名单中划掉了。因为印度尼西亚是一个热带岛国，分销设备落后，要在整个供应过程中保证产品质量太困难了。

印度也很有前景，因为这是世界上第二大人口大国，拥有人口数量众多而且数量不断上升的中产阶级。受英国殖民统治的影响，印度还有很强的巧克力传统。20 世纪 90 年代中期，印度巧克力市场的估值是 1 亿美元，吉百利公司占了市场份额的 80%。约翰逊知道，好时公司会面临激烈的竞争，也认识到公司在印度会遭遇一系列障碍，尤其是这个国家分销设备的现状。印度缺乏配备空调的供应体系和安装空调的零售商店，这意味着在印度的巧克力就是半融化状的吉百利巧克力排块。

印度基础设施方面的重重挑战只是一个方面，由于其阶级体系的存在，那些买得起巧克力的人会让家里的佣人负责日常采购。既然世界上多数巧克力都属于冲动性购买（比如，在超市收银台前排队时，顺手从货架上拿一块巧克力），而这些佣人被派到超市购物时，只能购买雇主购物单上列出的东西，他们自己无法确定雇主是不是突然想吃巧克力，这些佣人就成了销售的另一道障碍。

这些佣人像看门人一样挡在好时巧克力和最终消费者之间，好时试图通过店内促销和推销把消费者认可的品牌从吉百利转变成好时将会是徒劳。即使好时通过了消费者佣人这一关，公司还需要克服消费者对吉百利巧克力长久的口味偏好。最后，印度复杂的进口程序和高昂的进口税使它更加不具有吸引力。

约翰逊因此得出结论，既然亚洲其他市场的成果唾手可得，与其艰难对付印度令人生畏的基础设施问题，不如集中资源在更易进入的市场，在那里的消费者心目中树立起自己的品牌。菲律宾为好时公司提供了发展业务的机会，菲律宾消费者经常到美国军事基地的零售商店去购物，最有名的就是苏比克湾军事基地（Subic Bay Naval Base）和克拉克空军基地（Clark Air Base）。因此，好时早已在他们中间确立了自己的业务。以国际游客为目标的零售店，也就是菲律宾免税店，实际上本身就构成一个市场。免税店有机会吸引住那些经过菲律宾机场、口袋里揣着现金、穿梭于全世界不同工作地点、数以百万计的菲律宾工人[①]。约翰逊把菲律宾免税店作为优先考虑的对象，它成为了好时国际公司重要的分市场，甚至在公司的销售报告中，它成为了单列的项目。同样，因为存在美军基地，日本和韩国也为好时的进一步发展提供了机遇。但是，中国依然是一个极具诱惑力的谜团，需要特别的方法。

产品策略：先巩固业务，再创建设备

20世纪90年代，中国市场很难把握。中国巧克力市场的基本信息，如每年的营业额大小、有资质的分销商、人口统计数据以及零售商店的数目和分布地点

① 成百万的菲律宾人每年长期在异国他乡工作，他们到香港和沙特阿拉伯这样的地方寻找收入较高的工作。——作者注

都难以获得，甚至不知道有没有这样的数据。此外，中国当时朝令夕改且繁琐的规章制度，像谜一样进一步加深了不确定性。中国没有巧克力传统，多数人口都无法成为巧克力消费者，他们几乎没有可支配的零用钱来购买巧克力这样的奢侈品。和印度一样，这里的分销设施也很落后，要确保产品完好无损地运到消费者面前是一个巨大的挑战。

约翰逊恪尽职守，他的一部分工作就是安排与各个银行家、物流公司、生产商和分销商的会面，目的是逐渐了解中国存在的机遇，为好时产品规划大致的市场路线。1994 年，他甚至设法去参观了箭牌糖果[①]中国工厂，参观了本土金帝巧克力的生产厂。他从信息量丰富的宾馆或吧台了解到很多东西，他与同样兢兢业业工作的其他公司代表人员交谈，还与那些正在开展建立中国代表办事处活动的人们交流，从中获取信息。最终，约翰逊确信，随着中国可争取的消费者越来越多，想要在中国确立自己的产品地位，好时公司应该采取既先发制人又必须讲求实效的方案。

品牌策略

▶ 审视建厂的必要性 ◀

约翰逊的使命之一，就是判断在中国生产好时产品是否对好时公司在中国

① 美国箭牌糖果有限公司（Wm. Wrigley Jr. Company）是国际糖果业界的领导者之一和全球最大的口香糖生产及销售商。箭牌糖果（中国）有限公司为其在中国设立的独资企业。——译者注

的成功至关紧要，如果是，再去审视建厂的诸种方式。他注意到，吉百利中国工厂运转部分不到实际生产能力的一半，结果导致固定成本相对过高。可供考虑的一种国内生产方案就是与吉百利公司达成协议，利用其多余的生产能力。尽管吉百利公司和好时公司在美国市场签订了长期的生产许可协议[①]，但是，让吉百利公司在中国生产好时产品的提议在公司内部却得不到认同。因为，好时公司管理层唯恐第三方生产的产品无法保证产品质量的稳定性。鉴于吉百利公司在中国生产巧克力的最初几年为维持产品质量苦苦抗争，这种顾虑可以说是非常谨慎。

中国巧克力市场有两个因素，对于约翰逊是否决定在中国生产好时巧克力起了指导作用。

第一，在中国巧克力的零售价格很高，这在很大程度上要归功于玛氏和吉百利已经在中国建立了工厂。因为要收回工厂的投资，产品价格高就不可避免。这对好时公司而言就是一把财政保护伞，好时可以在其保护下用相对较高的价格在中国销售进口产品。而且因为好时公司的竞争对手们不会在短期内卸掉投资负担，所以这个因素还能相对稳定的影响巧克力的价格。

第二，从好时北美工厂出口巧克力成品的成本相对较低。当时中国进口巧克力的关税只有 12%，加上从美国运到中国需要 3% 的海运成本，在中国销售美国生产的巧克力比在美国销售巧克力的成本只多 15%。约翰逊由此判定，进口现有好时工厂的成品会获取令人超乎满意的纯利润，甚至足够支撑数量相当可观的消

① 吉百利公司授权好时公司为美国市场生产了许多吉百利品牌。——作者注

费者营销投资。而且，通过向一个国家暂时进口、培育市场在未来进一步发展的观念也不罕见，很多公司就是采取这一策略取得了卓越的成效。吉百利、雀巢和玛氏公司这些竞争对手们已经开始在中国境内进行生产，此刻参与竞争已经为时不早：必须当机立断。

约翰逊得出了结论：**要想在中国开展业务并不需要在中国生产产品，这个结论完美地符合了公司“先巩固业务，再创建设备”的国际业务发展模式。**在向好时公司提交建议的时候，约翰逊解释确实信息不足，并且承认因此很难估量机遇。但是，他坚持强调中国市场意义如此重大，绝不能错过。他建议好时公司要勇于尝试，让公司业务随着中国巧克力市场的发展而不断完善；他还建议公司不要尝试投资建厂。事实证明，这不仅很有远见，而且对好时公司管理层接受约翰逊的建议也是至关重要，尤其是考虑到公司起伏不定的国际运营记录的实情。因为投资风险已经降低到公司中最反对冒险的决策者都觉得满意的程度，约翰逊被任命到中国继续进行试营销。沿着这条路一直走下去，就会获得丰厚的利润，但这一切在当时却无法被证实。

运营策略：学习费列罗模式

到中国试营销的计划得到许可之后，约翰逊的下一步工作，就是开发把好时产品推向中国市场的营运模式。他坚信，在中国进行试营销需要一个在当地长期存在的组织，代表办事处被选为最初在中国代表好时公司的合法实体组织。中国政府意识到所有公司都需要时间去开展基本的市场调查活动，接触分销商和消费者。选择进入策略，所以它批准代表办事处成为进行这些活动的载体。和费列罗公司一样，好时公司也需要一个进口商将产品卖进中国。一个分销商将产品通过中国陈旧的供应链分销出去，使其产品处在中国消费者“能够获取的范围”之内，触手可得。

品牌策略

有种一举两得的做法，那就是学习费列罗模式，雇用一个服务全包的第三方物流公司（3PL），将进口、销售、分销和收款服务全部承包下来。在对很多第三方物流公司做过调查之后，约翰逊首选的一家公司是香港的慎昌贸易公司，但是慎昌公司却面临着利益冲突：它已经和好时的直接竞争对手雀巢公司建立了分销关系。好时公司被迫接受第二选择，考虑到保密，本书中称这家公司为“第二选择”。通过第三方物流公司负责这个对等关系中的实际分销和收款活动，好时代表办事处的角色就成了负责监督第三方物流公司，指导政策的实施，开展市场调研和品牌推广活动。

下一个要决定的，就是好时代表办事处的地点。吉百利、雀巢和玛氏公司都把在中国的制造厂建立在北京市内或者靠近北京的地方。华南的“现代丝路”提供了分销基础设施，就是它将费列罗榛果威化巧克力带到了中国市场。但是约翰逊不愿意把好时公司办事处设在北京，因为北京正在奋力挣脱一成不变和僵化的官僚作风，但他也无意让好时接触华南杂乱无章的灰色市场渠道。

然而，在华东还有一个选择，从实际意义和比喻意义上讲，这个地方都是中间地带。约翰逊谨遵“先巩固业务”的策略，将代表办事处选在地理上、财政上和文化上都最容易争取到消费者的城市——上海。

> 除了符合以上全部标准，上海还有其他的优势。尽管很难衡量，但是上海具有“接纳贸易”的环境，也是移居外国在办事处工作的雇员愿意居住的城市。此外，这个城市拥有 1 900 万人口，享受省级地位，有效地消除了城市—省—国家政府官僚等级结构中的一层。
>
> 上海还是中国长江三角洲地区的中心，这里聚集了一批相对繁荣的华东城市，包括南京、杭州和苏州。这些城市彼此距离不远，由于开发上海市场的努力也可能会波及周围的这些城市，这样就具备了迅速开发上海周围地区市场的潜力。上海的分销设施在中国也是独占鳌头，这里既有现代化的海运码头也有众多配备了空调的零售商店，其数目要超过华北全部此类商店的总和。但最重要的是，
>
> 上海居民可随意支配的收入要比中国其他任何大城市的水平都要高，而且他们早已习惯了各种外国品牌和观念，其水平甚至和深受香港影响的广州及深圳市民不相上下。

虽然有充分的运营机构分析作后盾，约翰逊还是和其他任何国际公司管理人一样面临着最重要也最艰巨的抉择：**挑选能够领导境内营运活动的合适人员。**最理想的人选应该同时具备行业经验和在中国工作的经验。但是，因为巧克力在中国是相对新鲜的事物，无论从哪种角度看，这样的人都不存在。

所以，和当时刚开始在中国创业的其他管理人员一样，他不得不从两种人选中选择一个，要么是来自总公司具有巧克力行业经验的人员，要么是来自公司之外但是具有中国工作经验的人员。约翰逊选择了前者，因为他相信了解巧克力行业的基本原理对于在中国取得成功有着极为重要的作用。而且，选择来自好时公司的人去掌管中国的业务，至少能保证将公司文化传承到中国。这个人还应该在好时公司内部具有公信性，这样约翰逊就更容易获得内部对中国新举措的支持。

比如，好时北美工厂很可能更愿意对一些特殊的要求作出通融，像少量生产某种产品或者生产中国市场特别设计的产品。如果提出这些要求的是他们所熟识或者尊敬的人，事情就会比较好办。要调整好时中国区雇员的薪水、将其提高20%～30%，这在当时也并非罕见。因为好时需要和宝洁、雀巢这样的公司争夺有限的中国管理人才资源，如果对象是好时本公司的可靠人员，遇到的阻力会更小，如果是从公司之外聘任的新经理，阻力则会加大。最后一点，约翰逊明白中国经验当然非常宝贵，但是随着中国经济的不断改革，一位领导人如果具备了合适的性格特点、对模棱两可问题的包容之心，以及应对不断变化局势的能力，他就足以胜任中国方面的要求。

约翰逊的研究最终引导他选择了蒂姆·波特（Tim Porter）（化名），这也是一位在好时工作了二十年的老将，他拥有公司内部各方面综合管理的背景。波特以严于律已、工作上井井有条的专业态度而享有盛名。约翰逊相信，在中国多变的商业环境中公司需要的正是这种态度。约翰逊的下一个挑战，就是不仅说服波特环绕半个世界，将全家搬到一个发展中国家（波特从来没有出过北美），而且还要说服他放弃别人羡慕的成功的国内业务经营，来好时伤痕累累的国际公司承担试营销任务。这次任务的目标，就是在三年任期内通过在上海市场推出一系列好时产品的研究试验，开创持续性的业务模式，之后再将它推向其他城市。这个任务将推动着身在好时公司总部的约翰逊与中国办事处的波特，在彼此之间建立起基于信任和相互尊敬的典范工作关系。这种合作关系保证了好时在中国做出稳定持续的种种努力，并被事实证明是极具竞争力的优势。

5大要素打造中国机制

第一个巧克力销售季：1995—1996年

大多数海外派遣的任务之所以失败，是因为雇员及其家属无法适应新环境。从一开始，波特一家也面临着如何适应中国新生活的诸多挑战。

1995 年夏天，他们举家迁到上海。从机场前往城市的路上，当波特一家乘坐的出租车暂停在十字路口时，他们看到很多人坐在沿着公路隔离带排列的凳子上。这些人裤腿卷到小腿上、衬衫掀到肚子上、在夏日的酷热中扇着扇子降温。与宾州的好时镇——那个他们既熟悉又热爱的如画小镇相比，中国则是相去甚远的另一个世界，无论从实际意义还是比喻意义上讲都是如此。

事实证明，除了文化冲击，无法用当地语言交流，日常活动如存款、打车、购买生活必需品也一直是种种挑战。尽管存在重重困难，波特一家把这一切都看作是一次非凡的学习经历，他们坚持共同面对困难，最终使旅居上海的生活走上正轨。约翰逊的选择非常正确。

品牌策略

波特的首要任务就是将约翰逊的基本商业模式转变成进行中国市场运营试验的具体操作计划。他采取的第一个措施就是确定基本的营销策略，也就是经典的营销四要素：产品、价格、渠道（分销）、促销。

• 产品 •

中国的巧克力零售货架总体上被分成截然不同的两个区域：块状巧克力区和礼品巧克力区。块状巧克力区有德芙巧克力块和吉百利巧克力块，大小从 40 克到 250 克不等。这些零售货架上只有巧克力块，除此之外看不到其他形状的巧克力。由此推断，中国消费者个人消费巧克力时更喜欢购买块状巧克力也就非常合乎情理。

他们决定推出四个产品：好时巧克力排块、好时杏仁巧克力排块、好时 Kisses 巧克力、好时杏仁 Kisses 巧克力。效仿市场主导企业的做法，中国的主打产品将是好时巧克力排块，商标上巨大夺目的品牌名“HERSHEY'S”成了货架上的广告牌。但是，到底哪种好时巧克力配方中的哪一款最适合中国消费者的口味偏好，同时还能在与吉百利和玛氏争夺块状巧克力区域的正面竞争中取得最好的效果呢？波特进行了一次消费者口味偏好的测试，检验了九种配方的好时巧克力——从偏苦的好时特浓黑巧克力到香甜滑腻的好时 Symphony 巧克力。好时的特浓牛奶巧克力配方，是九个配方中最受偏爱的，因此在中国推出的就是这一款。其中的道理在于，**选择产品时要将消费者放在首位。**

● 定价 ●

因为好时公司进入中国的时间比其主要竞争对手晚几年，在为产品定价方面回旋的余地较少。它有三种定价可以选择：高价、平价或者用折扣定价来对抗市场主导者吉百利和德芙。分销商和销售员总是声称“越便宜越好卖”，当时，在一个可自由支配收入的消费者寥寥无几的国家，折扣定价确实似乎合乎常理，但是还要考虑其他因素。中国消费者一直对品牌特别关注，为了享受和一流品牌沾边的尊誉，他们通常愿意承担过高的价格。多数人一生中的大部分时间生活质量都不高，所以一旦有机会，他们自然想要最好的，即使这意味着会多花一大笔钱。由于中国消费者巧克力经验很少，他们的选择几乎全部要受品牌效应、包装和价格的影响。

如果好时公司采取折扣定价策略，它就要冒着被中国消费者认定其巧克力不上档次的风险。他们也可能会问，为什么在美国制造并且进口的好时巧克力比中国制造的德芙巧克力还要便宜呢？莫非它是不达标产品？它是不是本地的仿品呢？因此，不顾当地分销商和销售人员的建议——如果好时价格不便宜就会失败的警告，波特决定用和德芙相当的价格推出产品。销售开始起步，好时勇往直前。

• 渠道 •

在渠道方面，选择目标零售店时“追随空调设备营销”是主要的决定因素。这给好时公司带来了额外的优势，同时它也可以追随资金营销，因为空调设备是中国消费者人均销量最高的零售商店的专有特色。“追随空调设备营销”策略的不利之处在于，即使从全国范围来，看当时这样的商店也只有大约 3 000 家，而且将近一半位于上海。尽管小型社区市场、夫妻店和售货亭更为普遍，但是因为这些地方缺乏空调设备，这就意味着，它们最多只有季节性分销的机会。而且，这些地方都是面向街道的临街房，它们遍布中国的主要城市，如上海。而这些城市都在进行重要的基础设施规划建设，所以店面都蒙着灰尘。要想在这样的商店里，把保持得像模像样产品呈现给消费者一直是个难题。

• 促销 •

在产品促销前沿阵地，尽管挽着裤管在路边扇扇子乘凉的人们对波特而言是个不小的震撼，但他到达中国后，第一个真正的文化冲击是中国分销商、零售商和消费者对好时品牌一无所知。对于一个习惯了自己品牌几乎受到所有美国消费者认同的好时人，这确实是个打击。但这也是从头开始书写历史、让中国消费者对其有正确认识的好机会。

品牌策略

波特选择用教育的方式搭建起好时与中国消费者交流的平台。他想让人们认识到好时公司在美国拥有悠久的历史传统，包括好时创建人的故事，甚至还要教给消费者巧克力是什么。电视是传达这些信息的最有效媒体，好时的竞争对手们也在这里做广告。更重要的是，对中国消费者而言，电视赋予了品牌可信度。

公司需要从头制作一个电视广告，因为在美国公司不需要告诉消费者米尔顿·好时是谁以及好时巧克力排块是什么。因为这些出现在电视出现之前，所以从没有过这样的广告。他们特别创作了一个怀旧风格的广告，以米尔顿·好时形象为基础，讲述了 19 ～ 20 世纪之交传统的巧克力制造工艺和好时巧克力排块。

20 世纪 90 年代中期，巧克力消费者只占人口总数很少的一部分，他们分散在各个城市，这些城市分布的地域非常辽阔，而且能够买到巧克力的零售点也少之又少。这样一来，最关键的就是广告和促销的目标要精准。例如，给消费者派发免费样品的地方应该主要在好时巧克力已经上架的零售商店。这不仅保证好时接近的是能买到该巧克力的顾客，而且能将促销费用直接与销量相关联。他们还规划了其他的促销活动，如店外促销，通过活动现场或者媒体的报道，建立起人们对好时的品牌意识。比如说选一个热闹的周日下午，在上海的外滩，好时公司聘请一位本土名人担任形象大使，驻足停留的过路人能够当场领到好时的巧克力样品。这次促销活动的主题是为当地的孤儿院募捐，这与好时公司根植其中的“米尔顿·好时学校”有着直接的关系。

好时产品是从美国进口而来的事实，是促销优势的所在，因为玛氏、吉百利和雀巢公司的产品都是在中国生产的。好时公司利用了中国人认为进口产品质量好的观点，在包装和促销资料上鲜明地展示出“美国制造”的字样。

• 人才 •

除了营销四要素，波特特别强调的第五个要素，那就是人才，这可以被称为最重要的因素。20 世纪 90 年代中期，在中国发现并留住有经验的当地员工非常困难。国家指令经济的后遗症导致学生几乎不可能选择学习的专业，他们都是被指派到某个行业的。所以，销售和营销职位的求职者经常拥有理工科科背景，还有在国有单位毫不相干的工作经历。他们的工作单位也是分配的，他们那里的工作原理和具体实践与跨国公司几乎没有相同点。在中国建立一支高效的多功能队伍本来就很艰巨，人才的缺乏使得任务更加复杂。

找不到资质符合工作要求的求职者，波特不得不寻找具备发展专业技能良好性格基础的人选。他选择职员的方式尤为独特，进行面试的地点经常不是在办公室而是在有巧克力货架的零售商店。他不让求职者自我介绍，相反，他经常一开始就要求他们介绍面前的货架。这些人应对这个问题的方式会揭示出很多东西，他们的自信心、商业常识以及学习的愿望。聘任他们后，波特往往发现这些员工因为了解或熟知中国文化模式都拥有高超的谈判技巧。事实上，尽管他们没有经验，缺乏正规的培训，但是很多中国人仅靠自己的聪明才智，最终却成了比经验丰富的外派员工还要高效的谈判专家。波特还发现当地的员工很乐于长时间工作，渴望充分利用在跨国公司中职场发展的机会。此外，他们很享受夏天的空调设备和冬天的暖气，办公室通常比家里更舒服。

波特的另一个挑战是开发、指导、动员这支年轻团队的有效领导模式。这一点尤其棘手，因为几乎所有的员工都曾在国有企业工作过，那里采用的都是自上而下的管理模式。老板不鼓励或奖励员工的创新精神；员工总是要老板不停做出指示，很少自己冒险。波特知道巨大的调整即将到来，但是他想通过在他们之间建立一种“导师—学生”的关系来逐渐地引导自己的员工，让他们独立思考，期待他们提出观点，鼓励他们采取亲身实践的学习方法。他的小团队很珍惜这种让他们成为企业管理的一部分，而不仅仅是执行人的工作环境，而且，这还有利于进一步提高团队的忠诚度。尽管中国的其他跨国公司向其中很多人加以高薪诱惑，他们还是倾向于留在好时公司。这一点带来的利益还有一个表现形式，那就是他与在公司分销以及零售终端工作的人们之间建立了稳固的人际关系。在中国这样以关系为基础的文化中，稳固的业务联系能带来稳定的销售额，因此这些关系也成为好时公司在中国获得成功的一个重要因素。

品牌策略

具备了产品、价格、渠道、促销、人才这五种要素，机制变得齐全，再加上几个巧克力海运集装箱，在 1995 年秋天，波特及其年轻的中国队伍开始在精心挑选出来的上海零售商店中，向中国消费者试销售好时巧克力。销量很好，消费者们的反馈信息也很积极，所有的迹象都表明好时巧克力能够与中国消费者建立联系。但是好时公司如果要忠于承诺，在这个世界上发展最快的消费者市场上建立起在全国范围内推广其产品的商业发展模式，还有很多问题仍需解决。

从人才着手，改进业务模式和营销组合

第二个巧克力销售季：1996—1997年

根据第一个巧克力销售季试营销积累的经验，到了第二个销售季，**好时公司将对其业务模式和营销组合策略进行几个重要的改进，首先就从第五个要素——人才着手**。一直到第二个销售季，波特都觉得他的当地团队没有领会到，他在中国着手开创全面业务的规划远景，包括从向美国好时工厂下订单到上海零售商店的店内推销都是如此。1997 年，为了帮助传达他的商业规划远景，他将一些本地员工带到宾夕法尼亚去参观好时公司在那里成功运营的情况。他们花了好几天时间与公司宾夕法尼亚的员工进行交谈，这些员工向他们解释自己的工作和工作程序。他们还走入分销商的仓库进行参观，并走访了尽可能多的零售商店。这次商务旅行完成了两件事情：它使得整个团队朝着同样的商业规划远景前进，同时它也向员工灌输了对公司的忠诚和责任感。对中国人而言，出国旅游是很有声望的事。

包装是其改进名单上的第二要务。20 世纪 90 年代期间，好时国际公司开发出普遍的国际通用包装，目的是创造一种万能的设计，希望它不会冒犯来自像中

东以及日本这样文化迥然不同的人们。包装的颜色是浅褐色，虽然它不会冒犯来自任何地方的人们，但是这样的颜色也不会让他们怦然心动。此外，好时还采用了统一品牌策略，即经销冠以同一主要品牌的多种产品，而不花更多的钱为多个品牌做广告、进行促销。例如，把 PayDay 品牌换成了一般描述，变成好时花生牛奶巧克力排块（Hershey's Peanut Caramel Bar），而不是分别将好时品牌和 PayDay 品牌进行推销。这依然无法打动消费者。好时中国区争取授权单独进行包装设计的恰当时机已经到来了。公司抓住这个机会，把金色作为好时中国区个人消费巧克力的包装颜色。像费列罗榛果威化巧克力一样，金色是最理想的选择，因为它向中国消费者展现的是高品质和好财运，这正是好时中国区想通过其包装传达的。

波特还重新审视了采取服务全包的第三方物流公司的决定，他得出了一个结论——太贵了。这些公司投入成本小但运营的利润高，市场渗透过于表面化，多数都在利用当地分销商开展实际分销活动和收款工作。“第二选择”在中国实际分销方面缺乏核心竞争力，这使其中介机构的作用令人生疑。波特甚至怀疑，它打算通过好时业务来发展自己的分销能力。即使如此，就这一点而言它完成得也只能说差强人意。所以，到了 1996—1997 年销售季，好时聘用了一个的主要分销商——上海山隆公司，通过成本加成的方法将产品购入中国，然后再将其销售给城市经销商。上海山隆公司已经是进口日本糖果产品在中国的主要分销商，所以，它与好时似乎非常般配。好时的代表办事处继续密切监督上海山隆公司任务的执行情况（波特称之为“影子管理”），而他的中国团队则继续关注产品营销的方方面面。

波特还将其试营销活动推广到上海周围的四个卫星城市：无锡、苏州、宁波和杭州。选择这几个城市是因为这些城市人口情况相似，在无锡和苏州推出产品是用来检验广告和推销的效率水平。在无锡，好时不进行电视广告，而用在销售现场推销和派发样品的方式支持店内推销；在苏州，好时发起了电视媒体攻势，但是很少或者几乎没有赞助店内推销。在比较了旺季销售额的结果之后，公司从这项试验中得到了珍贵的数据，用来调整营销组合策略，保证在新城市推出产品时最佳的广告和推销投入。

好时在第二个试销售季的结果提供了重要的信息，允许好时将其营销组合策略改进成通过有效的广告及推销赞助方式，将公司产品推向新城市的投资模式。这就确保销售活动稳健进行，产品能够成功推出。最重要的是，它带来了一个新发现，这个发现推动好时地位飞速攀升，成为中国一线城市巧克力市场上幸存的竞争者。

商战角力

CHOCOLATE FORTUNES The Battle for the Hearts, Minds, and Wallets of China's Consumers

当时，主导中国巧克力市场的两大巧克力公司吉百利和玛氏公司销售的都是巧克力块，这是好时公司选择用好时巧克力排块打头炮的原因。但是，事实很快表明，Kisses 巧克力的销量远远超过了好时巧克力排块，好时 Kisses 的些许独特之处对中国消费者而言反倒更加独具深意。

和费列罗榛果威化巧克力一样，好时的 Kisses 巧克力有种跨越文化的吸引力，除了一些德国消费者。没有人能确切地解释好时 Kisses 巧克力名字的由来，但是据说是因为，机器在生产巧克力过程中发出类似亲吻的声响，这个名字就这么一直叫了下来。好时 Kisses 巧克力的形状颇为可爱，尤其是圆圆的底部，很多消费者亲切地把它比作宝宝的小屁屁。这深深地吸引了消费者，但是 Kisses 巧克力最吸引人的地方是它为消费者提供了一口吃得下的巧克力。

研究发现，Kisses 巧克力可爱奇异的特性引起了中国消费者情感上的共鸣，这一点和其对美国消费者的影响毫无二致。但是，更大的发现是，中国消费者购买巧克力的习惯和他们个人消费的习惯大相径庭。尽管中国消费者会购买 40 克甚至更大的巧克力块，因为货架上卖的就是这样的巧克力，但是他们吃巧克力的时候通常吃得很少，每次只吃大约只有 10 ～ 20 克。每颗好时 Kisses 巧克力重量平均在 4 ～ 5 克之间，对多数中国消费者来说，三四颗 Kisses 巧克力正好是吃一次零嘴的量。

事实证明，**中国巧克力消费行为中还有一个重要的因素——分享，这更有助于消费者接受 Kisses 巧克力**。很多人一起吃的情况下，巧克力排块就很不方便而且也不卫生，而且一旦包装撕开就很难保存，消费者想要分成小块来吃的时候，嘴和手都要碰到巧克力，那么大块的巧克力很不好分。在中国，食品安全和卫生是个普遍问题，这一点影响了中国消费者处理食品的方式，那就是用手拿食物通常让人接受不了。而一包每颗单独包装的好时 Kisses 巧克力，从消费和分享角度而言都是既方便又卫生，糖果每颗单独包装正是中国本土糖果传统和常见的包装形式，如大白兔奶糖。1907 年为美国消费者度身制造的产品，却和 1997 年的中国消费者发生关联，而且产生了同样强烈的共鸣。这充分说明，伟大的观念会被普遍接受而且不受时间限制的。

品牌策略

用需求指导生产

好时公司“先巩固业务，再创建设备”的高超之处在于，马上灵活利用了好时 Kisses 巧克力确实是一口量巧克力这一发现。假设公司已经在中国投资了几百万美元来建设巧克力排块生产线，巨大的压力会迫使生产线一直运转下去，不管消费者们想不想要巧克力排块。这样它就无法利用人们对 Kisses 巧克力的喜爱。现今最重要的事情，也许就是做出短期决策、采取修正性的措施来应对巧克力排块需求降低的情况。由于不受中国工厂和设备的制约，波特只需简单地从好时北美生产厂少下巧克力排块的订单，多下 Kisses 巧克力的订单就可以了。但是改变主打产品也并非不需投入成本，因为好时电视广告和推销的资料也需要体现出对好时 Kisses 巧克力的重点推介。

在拍摄新的电视广告时有三个选择：可以将“百年米尔顿·好时”的信息适用于好时 Kisses 巧克力，重新创作全新广告或者利用现有的美国广告给其加上汉语的画外音。他们采用好时开拓中国市场的一贯做法，是进行广告概念调查，询问消费者更喜欢哪一种方式。好时公司长期用“小身材、大味道”的广告宣传推销 Kisses 巧克力可爱奇异的特性，在美国市场做得非常成功。因为中国消费者已经接受了 Kisses 巧克力的口味、形状和大小，这个广告能同样引发中国消费者极大的共鸣也就不不为怪了。这次活动让好时有机会改变策略，将原来向消费者普及好时巧克力基本知识的广告方式，变成了更具娱乐性的广告形式。将好时向消费者传达的主要信息集中在口味上，这对于像巧克力这样靠口味驱动的产品而言，是最理想的，而且多年之后依然会让人们记忆深刻。

好时 Kisses 巧克力在中国仅仅推广了两个销售季度，山寨 Kisses 巧克力就出现在上海的市场上。让波特震惊的不仅是好时 Kisses 巧克力被山寨的速度之快，还有自己的员工因为产品被山寨而表现出的喜悦之情。鉴于中国知识产权意识历史发展的空白，他们把这个现象看作是好时在上海大获成功的表现就很自然了。不过和费列罗公司一样，好时公司可不这么认为。公司早已明智地将 Kisses 的平面形象（其轮廓剪影）进行了商标注册，它有法律依据依照商标权利对任何模仿好时 Kisses 巧克力的产品进行有力的打击。因此，与费列罗榛果威化巧克力不同，好时 Kisses 巧克力的山寨现象一直干扰不大。

乘胜追击，进军京穗市场

第三至四个巧克力销售季：1997—1999年

到了在中国第三个销售季，公司业务开始蒸蒸日上，当地的管理小组成员也开始找准他们在新工作中的定位。时机已到，好时可以将前两个销售季得以日臻完善的业务模式突破东部地区，推进到其他两个城市，即南部的广州和北部的北京，进行继续试验。**好时在北京的产品发布，也是在心理上向竞争对手玛氏、吉百利以及雀巢公司心脏部位猛烈一击。**中国团队的看法是，如果好时能在北京取得成功，那么在中国的任何地方它都能获胜。

好时在广州和北京的发布非常成功，因为好时产品已经受到分销商和零售商的普遍认可，而且深受消费者欢迎，销量达到了期待的水平。这一成绩大部分归功于好时中国结构均衡的营销组合策略，同时也要归功于波特崇尚纪律的性格。事实证明，这在扩大分销的地理区域方面是重要的优势，因为它在中国复杂又经常让人迷惑的分销系统中成功地保持了一定程度的控制力。好时公司避开了在中国困扰许多的跨国公司的常见陷阱。

品牌策略

拒绝诱惑

在上海的一次贸易展销会上，来自东北哈尔滨的一个分销商试图当场敲下一笔数目不小的 Kisses 巧克力订单，但是却被礼貌地拒绝了。好时公司的预算和销售计划针对的是即将到会的一个销售季，无法为哈尔滨提供足够的营销支持。哈尔滨分销商坚持说他会搞定这些问题。但是如果缺乏足够的支持，产品没能成功地从货架上销售出去，好时的品牌形象就会受损，所以波特坚持自己的立场。他抵抗住了在没有足够营销支持的市场推出产品以求销量剧增的诱惑，完美地保持了好时公司一贯良好的销售商声誉。

随着试营销实践的进一步展开，好时在中国的运营承受了来自公司的压力。它要迅速加快销售、拓宽分销区域，要成为好时国际公司完全的运作盈利中心。实际上，这也是波特和好时国际公司新领导之间冲突的主要根源。但是波特下定决心，绝不过分夸大中国的机遇，这一方面他得到了总部上司约翰逊的坚定支持。

今天，在中国天津仍然矗立着一座殖民地时期的英国社交俱乐部，那里还完好地保存着挂着枝形吊灯的陈旧走廊，宽阔的楼梯。

镶嵌着木板的昏暗台球室。跳国标的年迈舞者会经常光临的大舞厅在那些吱嘎作响的木地板上走过时，人们很容易想象出殖民地时期商人的生活及那个时代。

过去和现在存在着巨大的差别，最为重要的差别肯定是信息沟通。通过皇家邮船，殖民地商人和英国“总部”之间每年只有四五次联系，而现在的国际商人是每天早晨电子信箱查阅大量来自总部的信件。和今天的同僚们相比，殖民地时期的商人必须更加独立，更要自力更生。“过去的好时光”很诱人，但是总部和境内运营活动间的关系，对成功与否甚为关键。

在好时公司，总部分管国际业务的约翰逊制定全局策略，而在中国的下属波特，则拥有在当地条件允许的情况下贯彻实施策略的自由。**约翰逊和波特两个人互相协作，确保政策集中、连贯的实施，这就保证好时公司在中国的探索活动能在商业上保持稳定，在财政上做到有条不紊。**这种协作正是好时公司在中国取得胜利的基础。

到了好时公司在中国的第四个销售季（1998—1999 年），无需在中国建立工厂就将好时打造成一个有力的巧克力竞争者之后，约翰逊和波特成功地完成了建立一种“低风险、高回报”商业模式的使命，这一商业模式为把业务推广到全中国提供了优秀的平台。

1999年，波特在中国的四年任期（他的任期从最初的三年又延长了一年）结束后，接替他的是一个两人小组。其中一人是德里克·来（Derek Lai），好时中国办事处的主要代表及全国销售顾问。他是一名香港公民，仅用了6年时间就为一家分销商及欧洲糖果公司在中国创立了快速消费品业务。我是这支小队的另一名成员，就任好时中国区业务经理之前拥有在台湾、香港以及中国大陆创建消费产品业务将近10年的工作经历。我们两人都直接向约翰逊报告，德里克主导好时中国区的境内销售及分销事务，而我主要负责提供策略管理、掌管市场营销。

同时起任两位主管，让他们在上一任唯一最高主管留下的空白里找到自己的位置，这是个冒险的举动。中国人有句老话，叫“一山不容二虎”，他们对破坏性的党派之争和内讧带来的社会混乱极为憎恨。当原来只有一个老板的好时中国区突然出现了“两个老板”时，他们害怕明确的权威界限会变得混淆，而且害怕政治内讧和党派之争可能打破波特在位时形成的和平有序的机构平衡。假如事情发展到那种地步，这支中国队伍要么选择拥护一方卷入争斗，要么厌恶地离开公司，这只是迟早的问题。

幸运的是，德里克和我之间有着深厚的友谊，我们很快就在好时中国区机构中建立了两个领导人之间的平衡，两个人都致力于通过团结的团队获取商业上的成功。我们以身作则，本着相互尊敬的精神分享权力。中国团队观察到了这一点，将其作为新的公司文化。

积极扩张，多品种强占市场

第五个巧克力销售季1999—2000年

1999—2000年巧克力销售季是好时公司在中国的第五个销售季，其特点就是通过一个积极的扩张方案让分销地点翻番达到总共18个城市，包括东北、华南和华中地区的城市。尽管还没普及到全中国，但是这足以让那个销售季的销量翻番。直到那个销售季（包括那个销售季在内），在中国新兴的一口量巧克力市场部分，总体而言，好时Kisses业务的增长是无可匹敌的，推出Kisses巧克力的城市很快就发展出了一批追捧Kisses的消费者。

商战角力

与此同时，吉百利和玛氏公司为争夺巧克力排块部分的主导权展开正面较量，正在一决高下。吉百利公司和玛氏公司不是采取降低零售价格，打价格战的方式，而是通过胜人一筹、为消费者增加实惠的促销方式展开比赛。一家公司推出了“免费赠送10%”的加大版巧克力排块，另一家公司就推出“免费赠送15%”版的巧克力排块作为回应，反过来它又遭到“免费赠送20%”版巧克力的回应。这场竞赛达到“免费赠送30%”的最高峰时，吉百利公司认输了，它重新专注发展怡口莲业务。

对观战的好时中国区员工而言，这种竞争的场景既让人痛苦又让人高兴。他们利用这两大竞争对手同时分散注意力的时期，尽最大可能在这18个城市推动Kisses业

商战角力

CHOCOLATE FORTUNES The Battle for the Hearts, Minds, and Wallets of China's Consumers

务不断发展。最终，好时制造出了足够大的影响，玛氏和吉百利也用自己一口量的产品进行效仿，很快零售货架的空间上一口量产品的空间就足以和巧克力排块的空间相匹敌了。

Kisses 巧克力从推出开始就有三种包装：37 克的单独包装、146 克与朋友分享的包装、340 克的家庭装。此时，中国消费者购买巧克力已经不是仅仅用来做馈赠的礼品了，他们已经形成了个人消费巧克力的习惯——这是中国巧克力市场发展的重要里程碑。

在临近中国家庭团圆的节日时，如中秋节和春节，Kisses 家庭装巧克力销售会达到一个高峰，不是作为赠人的礼品，而是装在自家的糖果托盘里作为招待客人的零食。不过 Kisses 巧克力仍然是好时唯一的一口量巧克力产品，为了充分利用这“一口量发现”，好时需要扩充提供给消费者的一口量产品。

好时趣滋（Hershey's Nuggets）是公司进军飞速增长的一口量巧克力市场的新产品，是为了在竞争中遥遥领先做出的尝试。好时趣滋是足够消费者吃两口的小巧克力块，它的主要吸引力就在于一口口地咬下去。美国消费者吃巧克力时口中回味的愉悦，让他们回想起小时候心满意足地咬一口自己喜爱的好时巧克力的那种感觉，但是中国的消费者却没有这种对巧克力块的怀旧之情。

1999 年秋天，立式袋子包装的作为个人消费的好时趣滋推向市场，不过它一直在 Kisses 的阴影中苦苦挣扎。趣滋两口量的性质对中国消费者而言没有很大意义上的差别，结果，产品的销量远远低于预期。在美国这样更成熟的巧克力市场，巧克力的分类令人眼花缭乱：根据分量大小、不同的消费场合（例如万圣节前夜、情人节和复活节），甚至还可以根据消费的方式进行分类，例如冷冻士力架。趣滋的推出，显示出在当时中国的巧克力需求阶段，中国消费者能接纳的巧克力门类和细分程度还很有限。经过一段时间之后，中国巧克力爱好者会拓展疆域，但是 1999 年时，他们还没有达到那种程度。

虽然咬一口趣滋巧克力时的触觉对中国人意义不大，但与趣滋类似的、胖嘟嘟的金块形状巧克力应该很有吸引力。尽管中国金子的传统造型是金锭或金砖的形象，但趣滋的出现也在中国市场上引起了人们的兴趣，可以用来填补目前为止好时一直忽视的一个市场空间: 礼品市场。尽管相比飞速增长的个人消费品部分，礼品占据的零售店货架空间比例正在缩小，但是这还是一个高利润的巨大市场部分。和其他巧克力制造商一样，好时从费列罗榛果威化巧克力那里学习到了设计提示。我们已经了解到费列罗公司是中国巧克力礼品市场的先驱者，小金砖样式的趣滋巧克力也是装在透明的礼品盒里呈现给消费者。**趣滋在礼品市场大获成功，再次强调了生产商需要灵活应对消费者的期望。**

产品的可得性和可见性对消费品的成功至关重要，尤其是巧克力这样高度依赖冲动性购买行为的消费品。尽管 20 世纪 90 年代后半叶，大型百货商店和高端超市的增长速度进一步加快，但它们的数量还是很有限，这就导致了巧克力销售高度集中在这些销售店里。这不仅把消费者集中到狭窄的零售战场，而且也促使相互竞争的巧克力公司重点把投资投放到店内促销上来。而且，中国每年巧克力销量的40%集中在中国春节前后的两个月内，也就是说，中国巧克力市场实际上被压缩到范围有限的一系列商店内，而且多数销售额也发生在压缩得极短的时间之内。巧克力竞赛场的每一个竞争者，自然都会设法利用这被压缩的销售场所和时间段。结果就导致巧克力购买旺季一到，中国大型百货商店和高端超市的巧克力销售货架前一片混乱。由于在商品附近分发样品效率很高，再加上在中国招聘店内促销员的费用很低，所以，许多商店巧克力货架前的促销员比消费者还多。

品牌策略

阻断通道展销

在这种自由竞争的氛围中，好时可以趁机采用已经在更发达国家被证明成功的推销技巧和工具，让销售有所突破。阻断通道展销台（lane-blocker display）就是这样一种推销工具。绝大多数超市收银通道多数时间都是关闭的，只有在购物高峰时才投入使用。阻断通道展销台就是安装了轮子的展销架，在商店销售非高峰时间就被推到闲置的收银通道内。这种简单的设施把闲置收银通道变成了额外的销售点。为了让我的中国同事清楚了解这个概念，我给他们带来了美国零售店的照片、解释了制作及其工作的流程图，甚至带人到商店里生动地挥舞着胳膊进行展示，以确保每个人都确确实实理解了阻断通道展销台的工作方式。

但是眼见为实，我们还需要在中国进行一次店内试验以证明这个观念在中国也行得通。一个好时销售代表在一家店里找到了一处地方，一个月后我们参观了这个试验点。我们很高兴地看到，这个阻断通道货架摆放在靠近收银台的一个很好的位置，旁边自豪地站着一个微笑的促销员，他促销得很卖力。不过，这家商店是一个很小的社区超市，只有一个收银台。当问到只有一个收银台的商店怎么使用阻断通道货架的时候，这个销售代表解释说，当商店开门时，展示架就放在收银台旁边，商店结束一天的营业关门时，就把货架放到收银通道内。谈到他为什么挑选只有一个收银台的商店来进行这个试验，他指出，大型商店和大型超市不接受店内试验。简而言之，这家只有一个收银台的商店是唯一允许他开展这项试验的商店。看到我们非常希望试验成功进行，这个销售代表不想让我们失望，所以，他就在条件允许的情况下尽了自己最大的努力，争取最好的结果。

这个例子很好地展现了还未被中国市场接纳的想法如何变成令人沮丧的实践，同时也突出显示了中国人在被拒绝时倍感尴尬的文化特点，以及顺着老板意愿尽最大努力完成工作的倾向。

声名鹊起，却难解物流难题

第六个销售季：2000—2001年

截至好时公司在中国的第六个销售季，好时的品牌已经在业内和消费者中间确立起来，而且达到了可以进一步加快公司地理扩张的程度。好时中国分部将分销地扩展到30个城市，已经成为一个全国品牌。然而，在全国范围内的胜利暴露出好时进军市场的一个缺陷：从宾夕法尼亚州到中国，在四面八方的城市之间，漫长的供应链被拉扯到了断裂的边缘。**最明显的就是，很难在销售旺季保持存货水平平衡，缺货的地方很难补充上热卖的最小库存单位的产品。**将产品运到市场的整套物流方式（从订货到收货）最少需要两个月，相比在中国生产产品的吉百利、雀巢、玛氏，这是一个严重不利于竞争的因素。这个问题因中国巧克力市场的季节化而进一步加剧。如果在短暂的销售旺季缺货，那可就太不走运了。

好时公司可以用进口散装好时Kisses和趣滋巧克力，然后在中国重新包装以解决供应链的问题。如果城市分销商，比方说西安，需要更多的某种单位包装的Kisses巧克力，他所需要的产品就会从中国的散装存货中包装出来，几天之内就可以发货，不再需要几个月的时间。尽管好时产品还是继续在美国生产，在中国管理得当的重新包装工作最终将这个糖果制造商与吉百利、雀巢和玛氏公司放到平等的供应链竞争场上。但是，要做到这一点，需要好时提高介入中国市场的水平。

与此同时，显然好时公司正在挑战自己代表办事处法人实体的极限，因为设置这样办事处的目的只是为了初步在中国发展贸易，它不是一个长期的法人实体。**中国期待看到好时成为中国工商业界完整运营、缴纳税款的一员，而好时也充分证明了它在中国的贸易切实可行。**结果，中国政府和好时总部都越来越难接受好时中国区的试营销演练的地位。好时公司做出选择的时刻到了，它要么和中国结下秦晋之好，要么斩断这段姻缘。2001 年，好时公司组建成中国的外商独资公司。

上海外高桥自由贸易区被选为这家外商独资公司的定居地和好时重新包装工作的所在地，因为这是中国当时最先进的自由贸易区，而且就位于好时中国区的中心城市上海。

选好了据点，下一个需要妥当安排的问题就是运营成本。他们预计，中国新建的外商独资公司和新增的重新包装工作会小幅度地增加总体成本。但是，人们很快发现，中国制造的包装的质量与美国制造的包装不相上下，甚至很多时候要更优越。这合乎情理，因为中国已经迅速变成世界低成本消费品的报佳供应地，这些消费品都需要中国制造的包装，这些包装符合世界各地零售货架的标准。而且，将低价进口散装产品节省下来的关税和中国低成本的包装材料结合在一起，境内重新包装实际上比成品进口贸易模式带来的利润还稍微多一点。好时中国区制定了一个适销的资本投资计划。

2001 年的第一季度，成立好时独资投资公司以及在中国进行重新包装工作的提议被提交到公司董事会，这一提议得到批准。但是因为当时在整个公司范围内适当地停止招收员工，不允许好时中国区增加总员工数。事实上，好时中国区得到组建子公司、租赁办公楼、购买包装设备的批准，但是没有权力雇用人员来经营这个新公司。但是设备一旦安装到位，就需要人手进行重新包装工作，如果不允许新成立的好时中国子公司雇用人员，唯一的选择就是雇用另一个公司来做这些工作。

在经过一番大体调查之后，大昌洋行（Edward Keller）进入好时公司的视野。它是一家提供全方位服务的第三方物流企业，已经在上海外高桥自由贸易区确立了自己的业务，好时公司聘请这家公司来管理公司在中国的新仓库和重新包装设施。除了物流和分销服务，这家公司还提供承包设备管理服务，包括简单的再包装。

人们发现，让第三方运营好时外高桥公司的设备除了能遵守总公司停止招收新员工的政策外，还有其他有利之处。其中一个好处就是：在中国运作重新包装工作和仓库管理方面，好时不需要经历学习过程，而且大昌洋行已经与上海外高桥贸易区的海关及相关政府部门报备了手续。另一个重要的有利之处就是，第三方物流公司在招收、组织当地劳动力方面积累了丰富的经验，这方面一直是在中国运营的外国公司监管的灰色区域，所以最好让有经验的第三方来管理。

品牌策略

选择第三方运营

从好时公司发展的角度看，让第三方来管理最大的有利之处就是，好时中国团队能够将 100% 的精力集中在与中国消费者建立贸易的事务上，而不需要像吉百利公司一样被一些运营问题所干扰。

事实最终证明，**停止招收员工是好时中国区的天赐良机，因为它使公司免于承担雇用培训人员来管理仓库和重新包装的重担。**2001年3月，公司获得了政府颁发的贸易许可证。之后的四个月，公司全力出击将设备组装、重新包装活动都安排到位。此时秋季即将到来，正好赶上就要开始的巧克力销售季的营销活动。

管理层地震，最终退出中国

然而，一系列管理上出现的变化不仅对好时中国区，同时也对好时国际分部带来了可怕的影响。2001年，创建好时中国区的背后推动力约翰逊离开了，取而代之的是一个在北京居住和工作的美国外派员工。在12个月内，他用自己以前的员工替换了德里克以及几乎整支好时中国销售和营销队伍。好时公司合作几年的分销商，也被其销售员工以前合作过的分销商取而代之。2002年的春天，我被调回美国，那时的好时中国区已经是一个全新的组织。

> 这支新队伍受委托经营公司在中国的新外商独资公司。各个代表办事处也不允许管理商业事务，这意味着它们控制的资金有名无实（例如，它们只管理办公室开支的小额现款）；但是另一方面，新的外商独资公司却成了掌控几百万美元销售资金及开销费用的独立公司。无需多言，用以维持好时新外商独资公司的良好管理和对新中国队伍的监管所需的资金大幅上升。

另一个管理上的重大变化，发生在好时国际公司的总部。2001年好时国际公司总部的负责人被免职。好时国际公司在之后的许多年里，受到相继四个经理的监管。公司最终下定决心关闭好时国际公司不得人心的南佛罗里达办公室。2004年，除了几个精挑细选出来的人回到了公司总部，好时国际公司的其他雇员们都因裁员而失去了工作，佛罗里达的办公室被关闭了。好时国际公司总部的根本变化，意味着在总部很不稳定的监管环境下，新的好时中国队伍只能自力更生了。

随着好时国际公司总部和好时中国区在管理上同时发生的剧变，公司的策略、纪律和控制力上也发生了变化，这导致好时中国区的经营严重偏离正轨，最终使得公司2004年第一季度的经营遭受灭顶之灾。细节不忍细数，但是当时在场亲眼目睹事件经过的人说，办公室门被缠上了锁链，电脑和唱片都被拿走了，员工总数从170名雇员骤减到大约10人。

好时中国区的崩溃导致了好时产品在之后的两年时间里从中国市场的几乎全面撤出。好时，最终退出了中国的巧克力竞赛。

内部垮塌，辉煌如烟云过眼

经过连续9个销售季，好时在上海已经赢得市场份额的第二把交椅；在上海、北京和其他城市巧克力消费者认可的巧克力品牌中，好时品牌被评为前三名。

需要注意的是，这些成绩是在与玛氏、吉百利和雀巢公司这三个在全世界都具有知名度的竞争者在正面竞争中取得的。这些巨头都已经在产品制造活动上投资了数千万美元，而且早于好时将近三年时间开始开展自己的中国业务。但是从 2004—2005 年销售季起，中国巧克力消费者要从零售货架上找到他们的好时 Kisses 就要大费周折了。

在好时中国区从内部垮塌的那个销售季，我在零售商店巧克力区闲逛时，看到一位正在购物的女士，她拿起一包好时 Kisses，用普通话自言自语道："小身材，大味道。"尽管当时我已经不再为好时效力，这一幕还是让我酸楚地想起好时在中国曾经的辉煌，只不过一切都如云烟过眼。

好时公司不远万里从美国来到中国，在几乎没有任何知识和经验的情况下，通过关注贸易基本原理，回归贸易本源、坚持不懈地致力于在中国树立自己的品牌，从而终于成功地进入这个世界上最具挑战性的市场。尽管中国消费者热情欢迎 Kisses 走进他们的生活，但是，好时最终还是离他们而去，没有留下只言片语。

好时SWOT分析

内部分析 外部分析	 1. 不落窠臼的洞察力，没有国际业务教条； 2. 低风险高回报的进入策略； 3. 领导亚洲区的负责人拥有广泛的工作经历。	 1. 业务重心放在北美，常错失国际市场机会，经验缺乏； 2. 欧洲市场对美国巧克力有偏见，收购进展不顺； 3. 国际运营记录不佳； 4. 胜利之时领导层发生地震。
 1. 亚洲巧克力消费者没有欧洲消费者的偏见壁垒； 2. 玛氏和吉百利的建厂，推高了巧克力的整体价格； 3. 从北美工厂出口巧克力成本较低。	**SO战略：增长型战略** 1. 以销售专家、物流专家、财政专家为核心，探索国际业务； 2. 广泛获取其他外资糖果公司在中国的经历； 3. Kisses 的乘胜追击。	**WO战略：扭转型战略** 1. 通过分销模式推动国际业务，而不是投资在固定资产上； 2. 进口好时工厂的成品，如此可获得相当可观的纯利润； 3. 当需求加大时，在中国成立独资公司。
 1. 分销设施落后，物流欠缺； 2. 中国市场难以把握，参考数据难获得； 3. 无个人消费巧克力的传统； 4. 其他品牌瓜分市场份额； 5. 山寨威胁。	**ST战略：多种经营战略** 1. 选择来自总部具有巧克力行业经验，且可靠的人员，加强凝聚力； 2. 5大要素确定中国机制：产品（通过测试确定）、价格（与竞争对手保持一致）、渠道（追随空调设备）、促销（电视广告）、人才（开发指导动员）。	**WT战略：防御型战略** 1. 产品策略：先巩固业务，后创建设备； 2. 运营策略：学习费列罗模式（设置代表办事处、雇用第三方物流）； 3. 吸取费列罗前车之鉴，提早注册商标，所以山寨干扰不大。

CHOCOLATE FORTUNES

The Battle for the Hearts, Minds, and Wallets of China's Consumers

05 雀巢，跑龙套的食品巨头低投入战略

雀巢是世界上数一数二的食品公司，但在中国巧克力战争中，它只把巧克力当成了廉价的零食，最终它只是上演了一场余兴节目，影响甚微。

雀巢简史

1814年8月10日，亨利·雀巢（Heinrich Nestlé）出生在德国法兰克福。雀巢家族祖先的历史能追溯到15世纪晚期，他们家族的盾徽上有母鸟喂养巢中幼鸟的形象，这个盾徽后来成为雀巢公司的标志。

19世纪30年代，亨利搬到了瑞士。那时的瑞士还不是现在这个以谨慎的银行家、精致的机械表和美味的巧克力而闻名于世的繁荣国家。事实上，当时许多瑞士村庄因阿尔卑斯山和汝拉山（Jura）而与世隔绝，非常贫穷。由于母亲的母乳喂养不足，婴儿普遍营养不良。

为了降低瑞士居高不下的婴儿夭折率（这与营养不良密切相关），当了四年药店学徒的发明家亨利将自己学到的制药技巧和大半生，都奉献给了研发婴儿食品的事业。1867年，亨利研发出一种牛奶谷物配方，它成为母乳的有效替代品。1868年，这种配方奶粉开始在英格兰销售，后来在世界范围内取得了商业上的成功。在19世纪70年代早期，亨利将婴儿食品出口到澳大利亚和拉丁美洲。

亨利在世时没有直接介入巧克力的研发事业，但是他对于巧克力的研发具有启发意义。亨利和丹尼尔·彼得的关系很好，后者在1875年发明了现代的牛奶巧克力。亨利将牛奶经过脱水加工制造婴儿配方奶的实验，成为彼得将脱水牛奶和可可豆提取物混合试验的催化剂。1875年，亨利将公司以100万瑞士法郎（根据1874年兑换黄金的对应价格，大约是2007年的380万美元）的价格出售，宣布退休。15年之后，他与世长辞。

然而，最直接影响彼得牛奶巧克力开发的，是一家瑞士公司——英瑞炼乳巧克力公司（Anglo-Swiss Condensed Milk Chocolate Company）。这家公司在 1905 年并入雀巢公司。事实上，从 1905 年到 1947 年，这家公司被称为雀巢英瑞炼乳公司。1947 年，公司的名称改为雀巢阿里蒙塔纳公司（Nestlé Alimentana S. A.），到了 1977 年才开始用现在的名字雀巢公司。彼得用这家公司的甜味炼乳生产早期版本的牛奶巧克力。不过，雀巢公司之后收购了彼得的巧克力公司。20 世纪初直到 1929 年，彼得公司制造的巧克力产品都冠上了雀巢的品牌，并通过雀巢公司经营销售和分销。

20 世纪 30 年代，雀巢公司开始引进新产品同时开展公司兼并活动，最终造就了今天这个产品种类繁多，实力雄厚的国际食品饮料集团。随着时间的推移，公司的巧克力业务也逐渐受到其他饮料食品业务的吞噬。例如，在 1938 年全球咖啡豆出现过度饱和时，雀巢初次以“雀巢”的品牌销售速溶咖啡。1947 年，它收购了瑞士汤粉、肉糖、美极调料公司（Maggi）。在之后的 57 年里，雀巢又进行了 14 次大型公司兼并，在世界范围内建立了四个主要的合资企业。

今天，雀巢牛奶、营养品和冰激凌产品的销量，在公司全球销量中所占份额最大，约为 30%；销量紧随其后的是咖啡和饮料，约为 25%；相比之下，巧克力和糖果仅占公司总销量的 10%。然而，占雀巢公司总量的 10% 也非常可观，足以让它成为世界上最重要的巧克力公司之一。

首屈一指的多产品生产商

1990年，雀巢集团在中国黑龙江的双城开设了第一家工厂——婴儿配方奶粉生产厂。雀巢集团的首席执行官赫尔穆特·毛赫尔（Helmut Maucher）确信中国市场极其重要，他宣布公司要在10年间在中国建立10座工厂。事实上，18年后，雀巢公司在中国开设的工厂已不止20家。很少有食品公司像雀巢公司这样，在进驻中国时如此恪守承诺。

截至2007年，雀巢公司全球销售额达到1 070亿瑞士法郎（890亿美元），在80多个国家设立了的办事处和公司，在全世界开设了500多家工厂。雀巢公司已然成为世界上最大的食品饮料公司，它是首屈一指的多产品生产商。其产品包括奶粉、婴儿配方奶粉以及其他各种牛奶制品，如三花（Carnation）；雀巢咖啡，如行家之选速溶咖啡（Taster's Choice）；冰激凌，如德雷尔（Dreyer's）；调理食品，如斯托福（Stouffer's）；瓶装水和饮料，如巴黎水（Perrier）；宠物食品，如普瑞纳喜悦（Purina Friskies）；当然还有巧克力，如雀巢甘脆（Nestle Crunch）。雀巢国际销量占到了总销量的95%以上，而在瑞士本土的销量只有不到5%。**雀巢，是国际食品饮料公司拓展全球市场的金牌典范。**

在1978年中国打开国门之后，雀巢公司进入中国市场，这正是它给中国十几亿新消费者，对几百种雀巢产品留下正面第一印象的关键机会。雀巢公司的领导层既有远见卓识又脚踏实地，就像在世界其他地方一样，他们为中国的跨国公司树立了优秀运营的标准。雀巢公司在中国生产和销售其所有种类的产品。凭借其规模庞大、实力雄厚的国际管理人才资源，雀巢公司能够在中国续写成功神话也不足为怪。

雀巢除了是世界最大的食品公司之一，还是最大的巧克力公司之一，与好时公司平分秋色。尽管好时公司是美国最大的巧克力公司，但从历史上看，好时产品在北美之外销售量不到10%，几十年来它一直致力于开发具有可行性的国际业务策略。

和其他大型巧克力公司一样，雀巢巧克力也是在20世纪80年代到90年代初，首先通过香港的“现代丝路”来到中国的。1996年，雀巢在天津建立起第一个巧克力工厂。它已经整装待发，不仅要跻身于全球最大的巧克力公司之列，还要做中国最大的巧克力公司。而此时的中国，正朝着世界最庞大消费者市场的方向前进。

进入中国市场，从渗透到涌入

雀巢公司的广告语是"优质食品，美好生活"（Good Food, Good Life.）。在20世纪80年代，雀巢产品通过香港来到中国大陆，起先是少量的渗透，后来变成了大量的涌入。雀巢公司的到来，有助于为几十年来饱受物资贫乏折磨的中国人民带来美好生活。**雀巢公司在五大巧克力公司中之所以独一无二，在于它范围广泛的产品不仅满足了消费者纵情体验异域风情的渴望（如巧克力），而且雀巢产品的其他功效也有助于满足他们健康和营养的需求。**雀巢的产品在中国消费者的橱柜和食品柜里安营扎寨，成为千百万人日常生活的一部分：从他们饮用的瓶装纯净水到煲汤时增味提鲜的汤料，再到给喂养孩子和婴儿的配方奶。

雀巢公司头上笼罩着外国品牌尊享的荣耀光环——质量可靠，一开始就在中国树立起营养、纯净、安全的食品品牌形象。雀巢公司要带给消费者的东西数不胜数，但与此同时，卡夫食品、达能、联合利华也都紧盯中国市场。毫无疑问，雀巢公司需要在中国进行重要的长期投资，唯一关键的问题就是恰当的时机。

品牌策略

先观望，再建厂

为了看清中国经济改革能走多远，雀巢公司直到20世纪90年代才开始在中国建立第一家食品厂。尽管许多公司早在20世纪80年代就开始在中国进行生产活动，但是他们主要进行出口生产，比如建立服装厂、玩具厂等，或者是生产玻璃、钢铁等要求紧迫的工业产品，因为这个国家的工业基础需要从头建设。然而，在中国生产、在当地销售的包装食品和饮料则另当别论。在证实境内生产切实可行之前，雀巢公司不得不先将自己的品牌引介给中国消费者。中国的消费者市场要先发展，在增长到能够创造足够销售机会的规模时，才值得进行建厂这样的投资。

雀巢公司并不打算一蹴而就。1990 年开设的双城牛奶场，就是雀巢公司阶段性进入中国策略的开始，这个策略还需要将近 10 年的时间进行不断完善。随着一个个生产项目开始运转，需要进口的雀巢产品有条不紊地被境内生产的产品所代替。最终，在中国销售的几乎所有的雀巢食品都在国内生产。

从婴儿奶粉开始

1978 年，中国宣布打开国门时，这个国家是消费品公司从未涉足过的陌生国土。整个 20 世纪 80 年代，它们的主要任务就是让消费者熟悉自己的产品。为了协助达成这个目标，1984 年，雀巢公司在中国建立了自己的第一个联络办公室，以推动来自世界各地的雀巢产品通过香港进口到中国大陆。除了为境内工厂陆续上线打下坚实的消费者基础外，20 世纪 80 年代还是雀巢公司为自己品种繁多的产品进行试营销的阶段。这个阶段提供了珍贵且具有可行性的消费者调查和市场信息，对以后的生产投资计划起了指导作用。这样的品牌建设和研究还需要再进行 10 年，雀巢公司才能做好在中国建立第一座工厂的准备。而且，那时各项市场条件也日臻完善。

雀巢公司最开始销售的就是婴儿配方奶粉。奶粉之所以享有优先权是因为这类产品是雀巢产品中占比最大的产品种类，体现着雀巢传统，在中国的市场潜力也最大。而且这些产品还满足了当时中国民众迫切的需要，因为受到之前几十年经济灾难的折磨，整个国家当时仍然面临一个主要的公众健康危机：营养不良，尤其是年轻人。

由于自身无法应付这一挑战，中国欢迎雀巢这样的公司帮助自己遏制这一危机，遵循满足儿童营养需求的悠久传统，雀巢公司承担起了这个责任。

第一家雀巢工厂所在地黑龙江省双城，是靠近俄罗斯边境、荒凉又落后的边疆地区。雀巢工厂为成百的当地雇员带来了工作、培训机会和现金收入，也为当地奶农提供了稳定的经济机会，他们满足了雀巢对生鲜牛奶持续大量的需求。在工厂附近还建立了几十家附属公司，从制造运输所用的硬纸板箱工厂到包装厂，再到来回运送工厂工人的私人公共汽车服务公司，应有尽有。所有这些经济活动都大幅度地提高了当地人民的生活质量。

双城以及周围地区曾经是一个挣扎在温饱线上的农业地区，后来当地的基础设施有了令人瞩目的改进。新修建了许多公路，电网的覆盖面积不断扩展，建立了废水处理设施，并拥有建立学校和医院的财政来源，整个地区面目焕然一新。从更广泛的范围来看，雀巢牛奶脱水及加工技术被引进后，当地牛奶就加工成为雀巢耐存储、价格实惠的产品，分销到了全国各地，从而增强了中国各地群众的健康和营养。如此一来，当地的潜力就得到了最大程度的开发。

对雀巢公司而言，销售双城工厂生产的产品也是公司在中国的里程碑：从这一刻起，雀巢不仅仅是把产品卖到中国，它正销售着在中国生产的产品。

咖啡和其他非乳品饮料，是继牛奶之后雀巢的第二大产品门类，所以，也是其在中国生产的第二大产品。雀巢公司把咖啡工厂建在与双城遥遥相对的中国的另一端——广东省东莞的最南端。1992 年，咖啡工厂投入生产，生产的是雀巢公司在世界范围内最负盛名的品牌——雀巢速溶咖啡。和奶粉一样，这也是一种很适合中国这样发展中国家的脱水产品。首先，它不需要特别的处理（如冰箱）；其次，它能被很经济地在全国运输，而且消费者能很方便地用热水冲泡。但是，在中国这样一个喜欢饮茶的国家建立咖啡厂，仍然是一个大胆的举动。不过，雀巢公司已经花了 10 年时间在中国试销售雀巢速溶咖啡，而且它还拥有在世界多个国家销售速溶咖啡五十多年的经验，雀巢公司看到了在中国销售咖啡的巨大商机。这个机会如此之大，以至于公司做好了长期持续投资的准备，不仅仅要在消费者中树立雀巢咖啡品牌，甚至要告诉消费者咖啡是什么。接下来就是 1994 年开办的雀巢汤料和调味品工厂，随后就是巧克力和糖果生产设备。1996 年，雀巢终于在天津建立了巧克力糖果厂。

用“奇巧”打开市场

在美国，雀巢的巧克力产品家喻户晓，如 Crunch、Baby Ruth、Butterfinger、Chunky 以及 Oh Henry!。而在世界范围内，雀巢的巧克力产品更是种类繁多。有来自意大利的 Perugina's Baci Chocolate，每颗巧克力的包装纸里都印有爱意浓浓的短句。“Baci”在意大利语中的意思就是“亲吻”（与好时的 Kisses 毫无关系），这是与费列罗榛果威化巧克力直接竞争的盒装巧克力。聪明豆（Smarties）是与 M&M 类似的一口量大小的糖衣巧克力豆，它比玛氏的 M&M 早几十年。雀巢甘椰巧克力块（Cailler）是风靡世界各地的雀巢纯巧克力块之一，在零售货架上与吉百利纯牛奶巧克力和玛氏的德芙巧克力同台竞争。雀巢公司在世界各地的糖果类商品名目繁多，从昂贵的盒装礼品巧克力一直到供个人日常消费的巧克力。拥有这样种类繁多的产品，公司在考虑如何进入中国巧克力市场时就有多种选择。雀巢公司选择了自己最有名最成功的巧克力品牌之一——奇巧巧克力作为领军产品。

奇巧巧克力源自英国，是 1988 年雀巢公司收购一家英国公司之后的产品。和其他的巧克力产品一样，奇巧巧克力也是通过香港打入中国大陆的，最初主要是在中国一线大陆的城市装有空调的高档商场销售。尽管在 20 世纪 90 年代上半叶，进入中国的奇巧巧克力数量相对较少，但它却是在中国最畅销的巧克力。

品牌策略

▶ 小份额之选：奇巧 ◀

雀巢公司的业务经理们明白，中国消费者更愿意吃小份额的巧克力。但是他们没有采取常规方法——销售小规格的纯巧克力，相反，他们决定采用含 30% 威化、70% 巧克力成分的奇巧巧克力。他们相信，通过产品相对较淡的巧克力味，就能满足消费者对小份额巧克力的偏好。就这样，雀巢公司在中国的第一家糖果工厂就被用来制造奇巧巧克力，奇巧巧克力将是雀巢打响中国巧克力战争的首选武器。

从雀巢公司介入巧克力战争的那一刻起，它就成为最有胜算赢取胜利的宠儿。在中国，雀巢产品营养、纯净、优质和健康的品牌形象备受其竞争对手羡慕。**雀巢公司在中国投资的绝对规模、运营范围、分销和零售贸易上的胆识，甚至它在中国消费品市场发展过程中的影响，让所有巧克力竞争对手望尘莫及。**雀巢公司确实是一枝独秀。

20 世纪 90 年代上半叶，当各大巧克力巨头进入中国、投身于争夺不断涌现的中国消费者时，很难想象哪位巧克力竞争对手能够对这个巨人构成实质性的威胁。看上去，似乎雀巢公司将不可避免地主宰中国完全开放的巧克力市场。

雀巢中国CEO的双面性格

从 20 世纪 80 年代起到 90 年代上半叶，雀巢公司在中国大陆的商业运营都处在雀巢香港公司的监管之下。到了 1996 年初，公司的中国总部设立到了北京，它代替雀巢香港公司承担起中国商业运营的责任，而雀巢香港公司则对北京总部负责。新的法人实体雀巢（中国）有限公司，是第一个在中国得到授权的此类管理公司，其目标就是协调中国各地所有不同生产公司的活动。公司通过将管理人员移居到北京，让他们直接接触中国大陆市场。这些身居香港摩天大楼，难得到中国大陆来走动的人们缺乏应有文化渗透。无论何时在中国迅速发展超市购物，他们都应亲身了解那些他们希望吸引的消费者，无论是在旅游胜地、机场、火车站、餐厅还是办公室。事实上，在任何地方他们都会接触到自己的顾客。

但是，建立一个具有凝聚力的境内组织需要的不仅仅是让人们集中在一个地方，他们需要被集结到一个团结的团队里。**这是一个有着唯一身份的组织，而不是一群为不同生产公司工作的人们的集合。而建立这样的一个组织，需要强有力的核心领导。**将几百种产品带到中国大陆并且建立工厂生产这些产品，是一项意义深远的任务，它需要来自雀巢内部杰出而有威信的领导。与仅有几个具有国际经验领导人的好时公司不同，在雀巢将近 25 万的员工里，有上千名职业外派人员。这是一支真正在方方面面都是专家的部队，他们已经在全世界几十个国家成功地确立了公司业务、开展了运营活动。

商战角力

CHOCOLATE FORTUNES The Battle for the Hearts, Minds, and Wallets of China's Consumers

就在吉百利公司的中国区领导人不停变换导致公司组织动荡且没有凝聚力的时候，从 20 世纪 80 年代中期到 2007 年的 20 多年间，雀巢中国公司却只有过三个总裁[①]。因此，雀巢中国的领导层非常稳固而且持续时间长。

与公司稳固的最高层相匹配的，是雀巢境内管理团队中其他成员的长期效力，这是通过长时间任命而实现的。

① 不包含 1995 年一位雀巢中国营销总裁的短暂任期，后来为了紧急填补一个空缺他去了日本。——作者注

一百多名职业外派人员担当起从工厂经理、工程师到业务、销售经理等主要职务。雀巢不仅有主导竞争市场的品牌认知度和物质资源，还有具备深厚国际经验的人力资源。

领导中国雀巢公司的三个人中，影响力最大的就是汉斯·克鲁格（Hans Kruger）（化名），他的任期是从1998年到2007年。克鲁格来自瑞士的德语地区，那里的人们以勤奋和坚定的工作准则著称。他在雀巢公司最初的工作是审计员，后来，他接受了驻派香港的任务，最终成为雀巢外派员工大军的一员战将。之后，克鲁格还在菲律宾、巴基斯坦以及中国台湾工作过，职位慢慢上升，成为雀巢韩国公司的总裁。后来，他接受了雀巢中国公司总裁的任命。

> 克鲁格又高又瘦，仪表堂堂，和员工进行滔滔不绝的谈话时会用那双大手做着夸张的手势加以强调。他头脑敏锐、意志坚定，对自己想要完成的事情总有着清晰的洞察力。董事会会议室就在他的办公室边上，那里有一张巨大的会议桌，他总是怡然自得地坐在会议桌一端行使权力、调兵遣将，在两翼落坐的是他的主要战将。克鲁格总是坚定地控制着战局，他的董事会会议室也成了组织的神经中枢和作战室。在那里，他和他的高层管理团队规划策略、向整个组织发布和传达命令。

但是汉斯·克鲁格似乎有点分裂人格。一方面，他对人们深切关注，扮演着雀巢中国大家庭这一万多人大家长的角色。例如，如果在公司表现良好的员工决定离开公司，他就把这件事当成自己的个人损失。为了说服员工留下，他会立刻停止手头的工作与这个员工进行一对一地面谈。就像为回头浪子敞开大门一样，他很清楚地表明，如果员工友好地离开公司而且不为直接竞争对手效力，他会随时欢迎员工回来。克鲁格无论在哪里工作，都密切关注雀巢公司给人留下的印象，由于职业生涯和他人生的多数时间都是在祖国之外度过，所以他形成了一种作为公司亲善大使的个人责任感，他把雀巢公司看作一个需要向其东道主展现优雅风度的客人。

另一方面，克鲁格对工作和雀巢公司强烈的感情投入，经常导致他对员工下达令人惊讶的命令以及抱有过分的期望。那种热切态度强硬得让很多人难以承受。他的高层管理团队对其粗暴的举止早已司空见惯。克鲁格的办事风格就是经常以一种生硬直接的方式不断地挑战团队。他这种办事风格影响甚深，最终形成了两类人：幸运儿和倒霉蛋。幸运儿享受他人格迷人的一面，尽管从来不会白赚便宜，但至少是交流是双向的，而且在结束时尊严也毫发无伤；而倒霉蛋则要承受公开的残酷威吓所带来得巨大压力，被长期绑定在一些职务上，有些人甚至一待就是六七年，董事会会议室成了恐怖之屋——每天早上闹钟一响，反复出现的噩梦就再次出现。

克鲁格的董事会会议室，成了包裹起高层员工甚至针对细枝末节进行讨论和辩论的蚕茧。他希望别人对雀巢中国公司使命的忠诚度和他的不相上下。星期五早上开始的会议会持续一整天，延续到晚上，再延伸到第二天，经常一直拖延到星期天，往往需要几天就开几天。高层员工从来不敢在星期六确定星期一就餐时间的会面，因为当天白天和晚上他们也随时可能被召见。日常的工作日很少能在晚上 9 点之前结束。为了生存下去，高层员工形成了针对困境的冷幽默。一天几个朝鲜人翻越北京加拿大大使馆的围墙寻求庇护，克鲁格的一个高层员工就和他的同事开玩笑说："我想知道，如果我翻过瑞士大使馆的围墙，他们会不会给我庇护，这样我就能回家了。"

品牌策略

强有力的领导和正确的决策

克鲁格在中国担任雀巢公司总裁的时间大约是十年。他让人难以捉摸，他所做的决策向来都是坚持原则，以对公司的深入了解和广泛经验为基础。也许，在之后的几十年里，雀巢公司在中国巧克力市场的角色定位都与他密不可分。

重新定位，用营销催生需求

在 1998 年克鲁格走马上任时，中国的消费者市场正要跨越一个重要的发展门槛。**20 世纪 90 年代前半期，雀巢公司和其他公司都因为中国人的好奇心尝到了成功的滋味，它们的新颖产品创造了一种"市场拉动力"**。这种现象到了 20 世纪 90 年代后期就开始衰弱，许多产品的新颖性已经消失殆尽，需要通过其他因素来促进需求。20 年代 90 年代后期，雀巢公司已在中国投入了大量资金，但是多数资金都用来建立工厂以确保供应充足。克鲁格意识到了这一点，迅速重新为雀巢中国公司进行定位，将工作的重心放到通过大幅度的广告和营销活动来催生对雀巢产品的需求，以及积极推动雀巢品牌的分销和店内促销活动上来。

与此同时，克鲁格也深知在中国进行长期投资的潜在风险，因为无法预见竞争的发展形势，政府政策的改变，消费动态的变化或者其他不确定因素，可能永远看不到回报。作为总裁，他的责任就是保护公司远离这种风险。因此，除了为加快销售增长而在催生需求方面进行投资，雀巢中国公司还需要在中国产生更多利润。同时完成这两个优先考虑的重要任务，所带来的结果就是大幅缩减投资回报的周期，这会让公司在进行催生需求的投资时，优先考虑市场规模大且投资回报前景周期更短的产品。鉴于当时中国巧克力市场是雀巢中国公司竞争的最小市场之一，在全公司范围内，对利润增长不断攀升的新生需求，将会对公司创立中国巧克力业务的方法产生深远的影响。

资产充分运转，降低奇巧成本

1996 年，雀巢在天津开设巧克力糖果工厂时，为了生产奇巧巧克力装配了专门制造巧克力威化的机器。和其他跨国巧克力公司一样，雀巢公司期望工厂建成后产品的销量会大幅上升。但是，正如其他公司沮丧了解到的一样，需求无法总是达到期望的水平。工厂的生产能力并没有得到充分的利用，相反公司却在不断地遭受经济损失。**雀巢巧克力业务要想取得利润增长，需要有效的改变产品成本和催生需求的方式。**

当好时公司发现自己的 Kisses 巧克力比巧克力排块更畅销时，它只需简单地向北美工厂削减后者的订单、增加前者的订单即可。但雀巢公司却没有选择转而销售畅销或者利润更高产品的机会，因为它已经在生产奇巧巧克力的专门生产设备上大量投资。投资新设备进而调转方向生产新产品，对取得利润增长的迫切目标甚为不利，所以雀巢需要寻找一种方式，通过降低营运成本将现有资产即奇巧巧克力生产机器充分运转起来。

策略反思

冒险让机器充分转起来

1999年，雀巢全球研究发展实验室给出了答案。实验室刚刚完成了一项历时多年的研究发展实验，制造出了一种可以投放工业生产的先进的专利合成巧克力（即用代可可脂制成的巧克力）。因为可可脂是巧克力中最昂贵的成分，如果使用新配方制造奇巧巧克力则有助于通过降低成本的方式获取盈利。事实上，合成巧克力（又称代可可脂巧克力）如此便宜，以至于公司甚至可以同时降低巧克力块的价格。新巧克力抗高温损耗的程度也有所提高，有助于在中国仍欠发达的冷藏供应链的运转过程中保持产品面貌。没有进行广泛的消费者调查，克鲁格就迅速决定将雀巢中国公司的奇巧巧克力的可可脂巧克力配方改为新的代可可脂巧克力配方。

不过，雀巢公司还需要对新配方的转变进行两个方面的权衡。首先，中国的标签法规定不含可可脂的巧克力要如实标示。所以，奇巧巧克力包装上出现“巧克力”三个字的地方都要用括号标注上“代可可脂”。其次，尽管那是当时最好的代可可脂巧克力，它还是无法传达出可可脂配方的巧克力所拥有的那种口感和经久回味的巧克力味。

克鲁格和雀巢中国公司的业务主管们相信，中国消费者对巧克力知识的匮乏能够减轻这种可可脂替代品信息带来的影响，而且奇巧巧克力中威化的比例很高，能够大幅度地掩饰代可可脂巧克力在质感和味道方面的不足。

除了降低生产成本，另一个能够大量节省费用的业务领域就是广告。奇巧巧克力刚刚进入中国的时候，进行了大量的广告。由于中国电视广告的费用和美国很多最昂贵的城市的广告费用不相上下，停止广告会大幅度增加雀巢中国公司巧克力、糖果业务的利润。管理层在本质上并没有禁止广告，但是已经降低了生产成本，而且计划将这样节省下来的大量成本通过降价的方式让消费者也受惠，所以必须显著提高奇巧巧克力的销量，这样才能保证带来的收入在支撑广告的同时能够提高收益。

这实际上是个像“第二十二条军规”[①]般自相矛盾的问题：要证明广告的必要性需要更高的销量，而要达到更高的销量却需要广告。最终，这成了公司巧克力和糖果业务的经理们在未来的日子里苦苦思考应对的问题。

---

① 出自美国作家约瑟夫·海勒（Joseph Heller）根据自己在第二次世界大战中的亲身经历创作的黑色幽默小说《第二十二条军规》（*Catch-22*）（1961）。此书影响甚广，以至于Catch-22已作为一个独立的单词，用来形容自相矛盾、不合逻辑的规定或条件所造成的无法摆脱的困境、难以逾越的障碍。——编者注

就这样，到了 1999 年，雀巢公司成为五大巧克力公司中唯一一个在中国销售代可可脂巧克力，同时放弃巧克力产品广告的公司。**奇巧巧克力的零售价格降低了，雀巢采用低价分销驱动策略将其作为吸引中国新兴巧克力消费者的手段。**

雀巢威化的“饥渴营销”

在英国，雀巢公司一直生产一种美味小零食“蓝带”饼干（Blue Riband），这是一种长方形的裹着巧克力的多层威化饼干，威化占总重量的 70% 的、巧克力占 30%，正好和奇巧巧克力相反。公司曾经有过在天津工厂生产类似产品的计划，但是几年前计划就搁浅了，尽管在工厂现有的设备条件下只需要购买少量部件就可以生产这种产品。1998 年，又一次没有做任何的市场或消费者调查，克鲁格就决定公司立即转而生产这种产品，它被简单地称为雀巢威化（脆脆鲨）。这种产品像饼干一样脆，而不是像巧克力一样光滑细腻。为了向消费者展示这一点，产品的装饰图案就是一只鲨鱼张开大口咬威化的形象。

20 世纪 90 年代后期，饼干、薄脆饼、曲奇饼在中国已经站稳脚跟，零售商店里通常是一整条通道或者货架的多数空间都用来摆放这些产品。尽管雀巢公司的新巧克力威化在当时是独一无二的，但是依然面临着其他跨国公司（如卡夫）和当地其他饼干或者零食公司的强势竞争。雀巢公司没有用雀巢威化展开竞争攻势，没有将奇巧巧克力和雀巢威化在商店里分开销售。相反，公司坚持将两种产品同时放在巧克力货架上销售。这不但将雀巢威化和其他饼干、零食面对面的竞争降到最低，而且雀巢威化的价值定位一眼就给人留下深刻印象，因为每克巧克力的销售价格都大约是其价格的三倍。非同寻常的是，从克鲁格下令生产雀巢威化到产品在 1998 年 10 月从生产线上生产出来，只有短短的 3 个月，这么短的期限在糖果行业真的是前所未闻。

品牌策略

总裁亲任产品经理

鉴于奇巧巧克力在中国不尽如人意的销售业绩，雀巢中国公司的糖果业务被越来越多的分销、零售业界人士甚至许多公司员工，尤其是销售人员，当作“问题少年”来看待。为了成功推出奇巧巧克力和新品雀巢威化，公司需要转变一些思维，特别是在中国糖果贸易以及如何获取利润增长这方面。克鲁格将亲自披挂上阵，通过推出雀巢威化来展示具体做法，同时打破一些在中国经商的常见难题，堪称神话。

克鲁格不接受“中国市场困难重重”的解释，这是对奇巧巧克力长期表现不佳的一个常用借口。他说，争论销售目标太高还是太低毫无意义，因为没有人知道这个拥有十多亿人口正经历着怎样迅速经济变革，市场的机遇程度到底有多大。他还拒绝接受认为“中国供应链是无可救药的噩梦”的普遍观念。这种观点认为中国的供应链严重限制了业务增长，尤其是与巧克力相关的业务，因为巧克力需要的是连贯的冷藏供应链。相反，克鲁格相信尽管中国的供应链体系及方法与发达国家的不同，但是如果人们利用一切可用之物，恰当地对中国具有高度创业精神的商人进行利润刺激，就可以让供应链有效运转。

为了给自己的大部队成员展示如何行事，克鲁格亲自承担起雀巢威化产品经理的职务，这个工作通常是由公司资历更低的员工来承担。为了达到他的利润增长目标，在销量证明广告可行之前他不会做广告来刺激产品需求。主要的需求动力来自雀巢品牌的号召力，而且要把产品放在零售商店让消费者可得、可见、可伸手够取的范围内。通过宣布产品发布时分销地区只限北京地区，克鲁格将雀巢威化的有限生产能力转化成一种优势。他巧妙地在对分销商和零售商的宣传讲话中加入了这一点，这样就能激发起他们对新产品的兴趣。讲话的内容就是：这款产品是全新的；在市场上没有类似产品、独一无二；它的零售价格只有 1 元钱；它的分销地区有限制，他们将是最早拥有这款产品的人。

但是有一个条件：分销商和商店必须付现金订货，而且雀巢威化的供货也要视商家对所有其他雀巢产品的现金订货情况而定。提出最后这个条件的原因，是雀巢在很久以来就在中国提供可赊购交易的产品，和那些日子里提供类似产品的公司一样，雀巢公司在收款时困难重重。**克鲁格当时正致力于制定一项新方案，目的是动员全公司推行唯一的现金订货的政策。**实际上，雀巢威化的产品发布成为他的范例——用于说服分销业界和雀巢中国组织内的很多人这种方式切实可行。尽管看起来轻重不分，而且实现多个目标的举动增添了发布雀巢威化的负担，但这种方式却奏效了。

在雀巢威化面世后的一年之内，天津糖果厂开始赢利。到了第二个销售季，公司又推出了白色款的雀巢威化，简称为雀巢牛奶威化。雀巢威化的销售和分销迅速扩张，首先覆盖了中国北部地区，然后是全国，雀巢威化的销量迅速超过了奇巧。

公司起初策划进行电视广告，但是后来又放弃了。因为无需广告，这个牌子的销量也在持续增长，而且即使在产能翻了几番的情况下用最大生产能力进行生产，产品也经常一售而空。多少年来都在为达成其糖果销售目标而苦苦奋斗的雀巢中国销售团队，热情地接受了雀巢威化。这是让人欢欣鼓舞的高速增长的时刻。如果是其他产品，现状可能会很不景气。

事实上，雀巢威化甚至促进了奇巧的销量，雀巢威化带来了"裙摆效应"①，拖动着奇巧同它一起在供应链里前行。直到 2004 年左右，奇巧巧克力逐渐退出中国舞台，奇巧平稳销售期的销量每年达到 2 000 吨，而雀巢威化的销量却在逐年递增。截至 2006 年，雀巢威化在中国的销量超过了 10 000 吨大关，第二年的销量达到了 145 000 吨。

品牌策略

雀巢威化成功的秘密

雀巢威化在中国成功的秘密在于多重因素混合在一起。在新产品发布期间，

① Coattail Effect，指搭顺风车借势。——译者注

克鲁格针对分销业界的“饥渴营销”奏效了，限制发行的方式有助于强化雀巢威化是必不可少的热卖产品的形象。

他之所以能做到这一点，很大程度上是利用了雀巢品牌可信度的力量：如果是雀巢产品而且很难得到，那它肯定是优质产品。此外，因为克鲁格亲自为这款产品冲锋陷阵，这就成了雀巢中国公司重中之重的任务，它激励着公司庞大的销售团队和分销网络为确立产品的分销积极地工作。

而且，雀巢威化不太昂贵的价格使得它比高价的巧克力拥有更广泛的消费者基础。最后，这个产品是一款简单的美味可口的便宜零食，吸引了大量的消费者，结果迅速蔓延。通过雀巢威化的销售，克鲁格无疑征服了持怀疑态度的人，找到了一种通过遵循自己下达的利润增长指令，使公司在中国的糖果业务上获得成功的方式。

但是，雀巢威化取得的绝对成功以及它对雀巢中国糖果业务的影响，让人想起了中国寓言“守株待兔”里的教训。

3 个月的时间就推出了新产品，实际上没对产品发展、工厂及设备进行投资，绝大多数成分是威化还有便宜的合成巧克力，没花钱打广告，用现金订货的交易方式，而且卖给消费者的是每包 24 块的威化饼。**雀巢威化的成功模式，带来了公司对奇巧巧克力和公司即将引入中国市场的其他巧克力产品抱有过高的期望。**克鲁格已经展示了雀巢威化的成功之道，他期望公司的其他糖果类产品都以类似的模式进行操作。在之后的很多年，雀巢才会真正明白，发现其他巧克力产品到底能否复制雀巢威化的商业模式，以及它会不会正像那个等待着下一只兔子自己送上门的农夫一样，到头来一无所获。

包装，笼罩在奇巧上的“威化阴影”

尽管雀巢威化一开始推动着奇巧巧克力在中国更广范围内进行分销，但是在这个每年增长 15% ~ 20% 的巧克力市场上，奇巧巧克力的销量却一直无法突破 2 000 吨大关。一定是哪里出了差错。尽管有的消费者可能因为奇巧巧克力不含可可脂就将它忽略，但是这并不是妨碍奇巧巧克力销量增长的重要因素。它的主要障碍就是和雀巢威化联系太密切了，罪魁祸首就是它的包装。

零售商店像万花筒一样，有着斑斓的色彩、各不相同的形态。一般美国超市的商品种类大约有 10 000 种，一种商品很容易就被人忽略了。能够吸引消费者注意力、让他们停下来仔细端详的一种技巧，就是统一品牌和包装，即同一品牌的多种产品采用类似的包装。这对某些产品是奏效的，但是对巧克力而言往往不那么管用。这就是雀巢中国公司在奇巧巧克力上犯下的主要错误。

雀巢威化和奇巧巧克力的包装设计非常相近。“雀巢”在中国的标志几乎覆盖整个产品的上半部，主打背景色是红色，标志的字母是白色。奇巧巧克力和雀巢威化并排销售时，货架上呈现出夺目的红色长块，人们给它们起了个绰号叫雀巢的“红色长城”。

尽管这个“红色长城”像是指引消费者进入商店巧克力通道的标示灯，但是不细细研究标签，很难将奇巧巧克力和雀巢威化区分开来。不通过广告或者包装（雀巢威化的鲨鱼形象真的无法告诉消费者任何产品信息）向消费者传达信息，中国消费者只能自己寻找这两种产品的区别。最明显的区别就是大小和价格。由于雀巢威化是奇巧巧克力的几乎两倍大，但价格却不到其一半，看上去性价比更高。奇巧巧克力只能为自己的身份苦苦奋争。

策略反思

偏离正轨的营销

通过加大包装上“奇巧”两字的比例来区分奇巧巧克力和雀巢威化的请求被拒绝了。克鲁格确信，所有的公司产品只要冠以“雀巢”的品牌就都会销路很好，进行多品牌营销比销售拥有同一品牌、统一包装的诸多产品耗资更大，这一策略不会取消。因此，奇巧这个巧克力排块在高端巧克力糖衣威化门类里占据了一隅，每年的销量只有 2 000 吨。后来证明，这是中国糖果市场比较稳固的一隅。但是雀巢公司试图在中国巧克力市场的核心部分——巧克力块中确立自己的业务，其代可可脂巧克力、不打广告、统一包装的营销方式将面临更重大的问题。

营销无力，产品淹没于“红色长城”

2000 年，天津工厂开始用代可可脂巧克力生产一系列实心铸模的巧克力。这些产品在连续两个销售季都没有达到稳定的销售水平，于是撤出了市场。公司最初对代可可脂巧克力的评价似乎非常中肯：其自身不能提供可可脂巧克力的顺滑质感和丰富的味道，而这正是消费者对巧克力的基本期望。雀巢中国公司在巧克力上所做的一个努力就是推出了类似雀巢 Crunch 的产品中式 Crunch——中文名叫甘脆。这种产品中酥脆大米的含量很高，这样就能掩盖代可可脂巧克力的缺点。这款产品 2002 年问世，和雀巢威化、奇巧巧克力一样拥有同样的“雀巢”主打品牌和统一的红色包装，又为雀巢的“红色长城”增砖添瓦。而且因为同样没有在媒体宣传上做投资，也同样埋没在雀巢的“红色长城”里，所以中式雀巢甘脆的销量也一片惨淡。

对这种不尽如人意表现的解释之一，就是这一产品和其他巧克力巨头的产品进行了直接竞争。而这些公司在巧克力销售旺季都主动在电视上打广告，电视是中国巧克力战争的主要战场，这一切都在暗示不打广告雀巢公司没有能力在巧克力块领域展开竞争。

克鲁格还是冷冷地否定了这个观点，毕竟，他没用做广告就成功推出了雀巢威化。他明确无误地表示，只要业务计划能够盈利就允许做广告，雀巢巧克力、糖果业务不允许倒退。再一次面临销售量与广告的自相矛盾，巧克力和糖果业务经理无法让雀巢甘脆的销售量高到足以为广告提供资金。在 2005—2006 年销售季过后，产品就因销量不佳退出了市场。

之后，雀巢公司又急于将另一款巧克力产品成功地推向中国市场，于是借用了瑞士市场的一个点子，把产品命名为“雀巢甘椰桌上炸弹”（Cailler Table Bomb）。这个名字非常贴切。

"桌上炸弹"是一包单独包装的一口量大小的巧克力，装在形状类似迫击炮弹的圆柱形硬纸板盒内，里面装有微量的炸药，底端伸出一条引线。这种产品通常会用在生日聚会上，当庆祝活动到达高潮的时候，消费者会点燃引线，火药就会爆炸，巧克力就从圆柱形盒子里弹出来散落在桌上供所有人享用。兴奋之下，消费者们往往忽视了弥漫着的硫磺味。而且它出现在中国似乎再自然不过了，因为焰火就是中国发明的，而且一直是中国人生活的重要部分。

"桌上炸弹"预定在2005—2006年销售季在中国开始销售，尽管还需要再做一些改进。将焰火和食物包进同一包装是非法的，这个政策合情合理，因为烟火有毒。而且，在跨省运输烟火制品时每个省份都需要单独的许可，要想将这一产品分销到全国，雀巢公司需要获取22份许可证。最终方案就是圆柱包装体内采用压缩空气，这个主意借鉴了中国婚礼上常用的礼宾彩花炮，它"嘭"的一声产生的力量，足够将彩纸喷得满屋飞扬。当然，巧克力比彩纸屑要重得多，需要实验不同程度的压力。

雀巢中国总部的集中实验总是持续到深夜，有的实验结果是爆破不温不火，力度只够掀起盖子，糖果还留在包装内，有的实验喷出巧克力的力度又太大，差点将巧克力嵌进天花板吊顶上。

通过反复试验，终于找到了恰当的压力，产品的名称也恰如其分地改成了"雀巢庆典"。尽管雀巢在中国巧克力战争中投放了成千上万的这种迫击炮弹，由于还是没有打广告也没有足够的资金进行大规模的店内展示活动，"雀巢庆典"只在一个销售季内昙花一现。即使雀巢巧克力真的从包装内"砰"得爆出来，它也无法引起中国消费者的兴趣。

食品巨头，而不是"巧克力赢家"

在雀巢甘脆退出中国市场之前，一群经常购买巧克力的消费者应邀参与一个实验，将随意堆放在桌上的一大堆各式各样的巧克力、糖果产品进行分类。这些产品中有雀巢威化、奇巧巧克力、中国甘脆、还有来自玛氏和吉百利的很多产品（没有好时，因为当时它暂且退出了中国市场），以及一些本土巧克力以及各式各样的多国品牌的威化和饼干。几分钟之后，德芙、吉百利巧克力和进口巧克力被堆成一堆，本土巧克力单独一堆，威化和饼干被堆到一起。**值得注意的是，这组消费者将所有红色的雀巢产品堆成一大堆然后推到饼干堆里。**似乎雀巢威化的成功，再加上所有类型的雀巢巧克力产品都具有与威化统一的包装，消费者会认为，雀巢的所有产品，无论是不是饼干，也肯定都要分到同一类别里。

商战角力

CHOCOLATE FORTUNES The Battle for the Hearts, Minds, and Wallets of China's Consumers

尽管雀巢品牌备受青睐，但是由于其品牌形象在中国迅速成熟起来的消费者头脑中已经成形，雀巢公司并没有自动转化成中国顾客可信赖的巧克力制造商。德芙、吉百利以及好时广告的轮番轰炸（尤其是德芙巧克力广告中洋溢着浓厚质感的巧克力被倾倒下来，泛出涟漪，旋转流淌的形象，向消费者们展示了品尝其巧克力带来的惬意享受和愉悦感）都为这些公司树立了巧克力公司的形象。而且，它们销售的都是可可脂配方巧克力，能够传递出巧克力口感上应有的享受。如果雀巢公司想加入巧克力竞赛，它需要重新考虑用代可可脂巧克力进军中国市场的方式。

在遭受代可可脂巧克力带来的一系列失败之后，在2006—2007年巧克力销售季，雀巢公司最终推出了一系列可可脂配方的巧克力排块。但是距离雀巢威化发布已经有8年了，这8年里发生了巨大的变化。中国的巧克力消费者和中国市场已经有了大幅度的发展，简单地将产品放在消费者可得、可见、可伸手够取的范围内来激发需求的方式已经远远不够了，公司需要去说服消费者。但是摆在货架上的雀巢公司的可可脂巧克力没有用广告将其与竞争对手的产品加以区分，也没有区别于雀巢其他糖果产品的独立品牌和特别包装。中国的巧克力消费者对它没有什么印象。所以，在市场上销售了两年之后，雀巢巧克力排块也因为表现不佳而到了被撤出的边缘。

看起来似乎不可理解，但事实就是这样——世界最大的食品饮料公司、在中国目前运营规模最大的五大巧克力公司之一雀巢，却发现自己无法将巧克力产品推向市场并且站稳脚跟。在2003—2004年巧克力销售季，就在雀巢公司一些巧克力产品因业绩不如意即将被撤回之前，来自雀巢瑞士总部的一些高层管理人员去上海进行私人旅游。

雀巢中国公司后来收到了他们的一封电子邮件，邮件中抱怨他们去过的零售商店里没有雀巢糖果产品，没有他们看惯了的自己产品的鲜明标签——雀巢甘脆的蓝色包装、色彩斑斓的聪明豆标签、引人注目易于辨认的奇巧品牌。所以，他们就认为那里没有雀巢产品。其实，雀巢威化、奇巧巧克力、中国甘脆都在那里，但是统一的包装把它们深深埋藏起来，埋得那么严实以至于让人无法分辨。最后，同样的问题也留给了中国消费者：雀巢巧克力在哪里？

咖啡领域的胜利

20 世纪八九十年代早期，外国消费品开始涌入中国的时候，咖啡和巧克力一样，对几乎所有的中国人而言都是稀奇的外国产品。

两种产品的全国消费水平都极度低下，在占中国人口绝大多数的农村人口中更是几乎没有任何销量。消费者更乐于将它们当作礼物馈赠他人，而不是自己消费。两种产品都是作为昂贵又具有异域风味的礼物介绍给中国人。由于外国品牌的产品在消费者中自然享有可信度，所以有潜力的本土竞争者被排挤到市场的边缘。

> 雀巢咖啡最初是以礼盒的形式来到中国，每个礼盒里都包含一罐雀巢速溶咖啡、一罐咖啡伴侣、一对杯子以及一把金色的调羹。到 20 世纪 90 年代上半叶，绝大多数消费者对咖啡还是一无所知，他们甚至不知道怎么正确地冲泡速溶咖啡。然而，雀巢咖啡礼盒被人们当作享有盛名的时髦进口礼品，一遍一遍地转赠，原因就是人们对罐子里面的东西知之甚少又不感兴趣。由于缺乏广泛的个人消费基础，一旦把咖啡当礼品赠送的新鲜劲

儿在20世纪90年代中期逐渐消失，雀巢速溶咖啡业务的增长也就停滞不前了。

到了20世纪90年代中期，雀巢公司推出了雀巢“1+2”独立包装咖啡，不仅使业务重新开始增长，而且还把咖啡变为一个人人喜欢喝茶的国度里受人欢迎的饮品。雀巢咖啡“1+2”独立包装把够一次饮用的雀巢速溶咖啡、咖啡伴侣和蔗糖混合到一个小包装袋中，简化了冲泡咖啡的过程。雀巢咖啡“1+2”独立包装教会了中国人如何喝咖啡，这和用袋装茶叶教西方人如何饮茶别无二致。在1995—1997年期间，雀巢咖啡一经推出并在全国各地亮相之后，销量就成倍增长。1998年，克鲁格来到中国，他确保了雀巢中国公司通过加大广告力度，展开促销活动在激发雀巢咖啡的需求方面大力投资，雀巢咖啡因此得以发展壮大成为雀巢中国公司的第二大盈利产品（位居牛奶和婴儿配方奶粉之后），而且，它一直主宰着中国的咖啡市场。据估计，到2020年，中国咖啡市场的总量将达到300 000吨或者人均消费咖啡230克。

巧克力为何无法复制咖啡的成功?

公司的雀巢咖啡大获成功，它引发了中国一个全新产品门类的发展，也证实了这个世界食品饮料巨人的商业头脑和能力。事实上，它取得了和雀巢威化同等类型的成功。尽管雀巢公司有能力在巧克力销售上也取得同样的成功，但它却没能做到。为什么雀巢公司在咖啡销售上取得成功却在巧克力领域一败涂地呢?

首先，一包雀巢咖啡比一块巧克力价格更便宜。关心价值的中国人花一样多的钱就能一周里每天都享受一杯雀巢咖啡，而同样价格的巧克力却只能是一时的纵情享受。第二，咖啡更优惠的价格使其比巧克力享有更广泛的消费者基础。雀巢“1+2”咖啡出现之后，它迅速被人们当作日常消费的东西而不是一种季节性的礼物或者偶尔的个人享受。雀巢咖啡不仅成为很多消费者的日常消费品，而且在中国的办公室里，人们也普遍接受了为访客提供茶和咖啡两种选择的做法。雀巢咖啡只需添水并搅动的冲泡方式非常适合这种需要。

但是，或许还有一个同样重要的原因，那就是速溶咖啡不需要冷藏分销渠道，这就使得它更适用于中国落后的供应链。10 包一组的可一袋袋撕下的雀巢“1+2”独立小包装咖啡可以用钉子挂在任何一家夫妻店店面的窗户边，这些小店在中国数目巨大，因此无论冬天还是夏天，消费者都能在遍布中国的数以百万计的分销点找到雀巢咖啡。巧克力对冷藏分销渠道的要求把常年的巧克力分销点限制在安装了空调的商店内，这些商店的数目只有几千家。

由于咖啡较大的市场规模，可能的投资回报时间更短，所以咖啡和奶粉、婴儿配方奶粉一样，也是雀巢公司重点商品中的佼佼者。因此，这些产品在公司的投入方面也享有相应的优先权，而且不仅仅是刺激需求的投资。和双城的牛奶产业一样，雀巢公司对位于云南省的发展也影响重大，云南因此变成了咖啡种植区。自从 20 世纪 90 年代初起，雀巢公司就投入了 5 000 万人民币（340 000 美元）为当地种植咖啡的农民提供免费的技术支持。云南现在是雀巢中国公司的主要咖啡豆来源。

策略反思

产品重心的倾斜

尽管雀巢公司有能力同样引导中国巧克力市场的发展，同样有能力把雀巢巧克力打造成中国人偏爱的巧克力口味，但是由于巧克力市场相对较小而且集中在狭小的范围内（由于价格和分销的限制），无法带来短期的投资回报，所以雀巢公司没有担当这一重任。雀巢公司在中国还有更重要的事要做。

中国巧克力战争中的余兴节目

瑞士因为生产了一些世界上最棒的巧克力而闻名于世，瑞士的雀巢公司也拥有各种各样的巧克力，它本应该很容易就向中国的第一代巧克力消费者传达出纵情品尝巧克力的那种体验。但是这些产品却从来没有被投入到中国巧克力战争的战场；相反，公司采取了低成本、低价格、低投入的方式，这些都没有达到中国消费者对巧克力的期望。

巧克力排块是任何巧克力市场的核心，而雀巢公司在推出及保持巧克力排块业务方面经历了一次又一次的失败，最终对中国巧克力市场的发展影响甚微，留下无关紧要的一笔。尽管裹着巧克力的雀巢威化获得了商业上的成功，这也只是中国巧克力战争中的一场余兴节目，只是确立了一个介于巧克力和饼干之间的外围产品的地位。

商战角力

CHOCOLATE FORTUNES The Battle for the Hearts, Minds, and Wallets of China's Consumers

> 由于被剥夺了在中国新兴的巧克力市场的中心地带进行长期艰巨斗争的机会，雀巢公司把巧克力战争留给了其他几大巧克力公司。费列罗公司幸福地占据着高价进口礼物市场份额，吉百利公司陷入了内部事务的泥潭，好时公司在2004年完全撤出了战场。重任最后落到玛氏公司身上，它也将因此享受打赢中国巧克力战争的战利品。

但是，雀巢公司是一个规模庞大而且产品种类繁多的食品饮料公司，这就深深影响了它在中国巧克力市场上竞争的方式。20世纪前50年，随着雀巢公司的其他业务对巧克力业务的逐渐蚕食，公司规模更大的业务在中国也更有优先发展权。考虑到公司的重大任务，就是在中国的经济改革早期在这个世界上人口最多的国家树立起其所有产品的品牌并开展营运活动，雀巢公司和汉斯·克鲁格可以心安理得地宣布中国的使命已经完成。

到2007年，雀巢公司在中国的各项业务排名如下：牛奶、婴儿配方奶粉以及冰激凌占总业务40%；咖啡、饮料占28%；烹饪系列占26%；巧克力和糖果占6%。这和雀巢公司在世界范围内各项业务的相对规模比较接近，更重要的是，从1998年起，雀巢中国公司糖果业务的利润一年比一年都有增长，这是玛氏、好时、吉百利公司都无法做到的。

雀巢SWOT分析

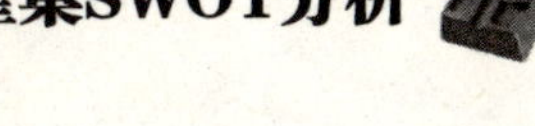

内部分析 / 外部分析	 S	 W
	1. 家喻户晓的外国品牌，以质量可靠而著称； 2. 在投资规模、运营范围以及零售贸易上的胆识超群； 3. 有成规模的职业外派人员，高层稳固； 4. 业务范围广，奶粉、咖啡、汤料等已经建厂。	1. 雀巢威化生产力有限； 2. 雀巢威化与奇巧包装过于相似； 3. 雀巢公司规模更大的食品业务蚕食巧克力业务； 4. 在设备上投资过大，开支高昂。
O 1. 改革开放初期，中国消费者对新鲜事物的渴求； 2. 人口众多，潜在巧克力消费者群体可观。	**SO战略：增长型战略** 1. 选择时机在中国进行长期投资； 2. 用知名产品奇巧领军进入中国。	**WO战略：扭转型战略** 1. 对中国市场采取低成本、低价格、低投入的方式； 2. 生产雀巢威化，让生产奇巧的机器充分运转； 3. 饥渴营销把威化的有限生产力变为优势。
T 1. 中国发展日新月异，市场容量和消费者需求难以评估； 2. 随着时间发展，市场拉动力渐退； 3. 供应链不佳。	**ST战略：多种经营战略** 1. 在将本品牌引进中国10年后，才建立第一家工厂，不一蹴而就； 2. 建立联络办公室，进行试营销，获取一手市场信息。	**WT战略：防御型战略** 1. 为了弥补固定用代可可脂降低奇巧成本，并放弃产品广告； 2. 坚持相似包装，且不打广告，最终导致食品巨人在中国巧克力领域无甚作为。

CHOCOLATE FORTUNES

The Battle for the Hearts, Minds, and Wallets of China's Consumers

06 玛氏，巧克力之战的真正赢家
“顾客至上”战略

玛氏凭借全新的德芙巧克力，率先在中国个人消费的巧克力市场产生了重大影响。这场胜利赢得巧妙，也赢的理所当然。

CHOCOLATE FORTUNES The Battle for the Hearts, Minds, and Wallets of China's Consumers

玛氏简史

1883年，弗兰克·玛氏（Frank C. Mars）出生在美国明尼苏达州，他从母亲那里学会了制造糖果的技术。这位母亲教给儿子的技术之一就是将糖果手工浸挂巧克力糖衣的技术，后来玛氏就是用这个技术建造起一个全球糖果帝国。

玛氏糖果公司的故事开始于华盛顿塔科马地区（Tacoma）玛氏一家的厨房里。1911 年，弗兰克和第二任妻子艾瑟尔（Ethel）开始在这间厨房里制造奶油夹心糖。随着业务不断增长，他们将制作地从厨房搬到了玛氏糖果工厂，每天他们都把在工厂制造的糖果送往当地商店出售。

1920年，弗兰克搬回明尼苏达州的明尼阿波利斯。1922年，他推出了名叫"Mar-O-Bar"的巧克力糖。Mar-O-Bar支撑起了整个公司，但是这款产品一直是影响不大的地方产品，没有真正畅销。真正让公司一举成名的是银河棒巧克力，这也是一款源自厨房手工制作的产品，其创意来自巧克力麦芽奶昔饮料。它是将巧克力麦芽味的牛轧和焦糖棒涂淋上一层巧克力糖衣。1923年，银河棒一问世就使得公司业务加速增长，公司年销量从不到100 000美元剧增到将近800 000美元（折合成2007年美元略低于1 000万美元）。士力架巧克力棒的前身，当时是由花生、焦糖和牛轧混合而成的巧克力，也是公司在明尼阿波利斯市推出的。但那时没有裹上巧克力糖衣，也没能在消费者中热卖。

1929年，弗兰克把工厂搬到了芝加哥。芝加哥是连接美国东、西部的重要铁路枢纽，这里有范围更广的分销机会。那一年，弗兰克的儿子——受过耶鲁大学教育的弗瑞斯特（Forrest）也加入到了公司。1930 年，重新命名的玛氏糖果公司开始制造涂淋巧克力的士力架巧克力棒，从此扭亏为赢。玛氏公司宣称，士力架是历史上销量最高的排块状糖果，如今其年销量已经超过 20 亿美元。1932 年，玛氏推出了“三剑客”巧克力（3 Musketeers），这也是一种将巧克力味牛轧糖裹上巧克力糖衣的产品。10 年之后，轰动世界的糖衣巧克力 M&M 面市。

1934 年，弗兰克·玛氏离开人世，他将家族糖果公司传给了弗瑞斯特·玛氏（后来被叫做老弗瑞斯特）。弗瑞斯特之后又添加了两条新的生产线，公司的产品更加多样化。1935 年，玛氏公司进入宠物食品行业；20 世纪 60 年代，它成为世界上最大的宠物食品公司；到了 2007 年，宠物食品已经占到公司产品总销量的一半。1942 年，公司又增加了主食产品，主要是享有盛名的半熟大米“本大叔的米”（Uncle Ben's）。不过到 2007 年，这种大米只占公司总业务的 7%。

直到 20 世纪 80 年代后期，从糖果甜食业务角度来看，玛氏总体而言是一家糖果公司而不是巧克力公司。尽管公司所有的糖块都是巧克力糖衣产品，不过这些产品中巧克力的含量都不如其他成分多，所以从本质上而言，它们都算不上巧克力块。但是，1986 年玛氏公司收购了“德芙棒”冰激凌（Dovebar），这是一种由裹在外面厚厚一层的高品质巧克力和中间的浓香冰激凌组成的高价产品。很快，公司的巧克力排块业务就大获成功。1991 年，在德芙棒取得成功的基础之上，玛氏推出了德芙品牌巧克力。最开始推出的就是德芙心语巧克力。心语巧克力是单独包装的一口量巧克力，和意大利的 Perugina's Baci 巧克力一样，每一张包装纸上都有一句话。紧随其后的就是德芙巧克力块，从塔科马的厨房里成立之日起大约 90 年之后，玛氏公司向巧克力排块行业大举进军。

低调而富有的家族集团

今天，玛氏公司是世界上最大的家族企业之一，年销售额达到 280 亿美元。其多数利润都来自高利润的美国糖果分部，这些利润一直被用来推动玛氏公司的全球扩张。玛氏公司一直保持不欠外债的状态，公司对外部人员守口如瓶的政策使它成为一个众所周知的高度保密组织。公司所有人和管理人员几乎从不接受采访，他们的照片也难得一见。作为一家私有企业，玛氏没有责任公布其财政数据，要获取公司的准确数据出了名地困难。在业界，玛氏公司因为对工作要求极为严格而闻名于世，但是员工往往享受高于行业标准的待遇。

很多公司员工将玛氏公司的文化描述成控制严格、带有家长制色彩，但奇怪的是，这是比起同等规模的其他公司，这里更推崇平等主义，不落俗套。例如，据报道，老弗瑞斯特·玛氏曾经要求所有的员工，无论是高层管理人员还是邮件室职员，上班时都要打卡。为了形成开放式的办公环境，公司取消了单独的办公室，办公桌都按自行车车轮的方式排列成圆形。经理们处在中心地带，便于与员工进行沟通。

1969 年，老弗瑞斯特·玛氏退休，他把公司的领导权转交给了两个儿子小弗瑞斯特·玛氏、约翰·玛氏和女儿杰奎琳。1999 年，95 岁的老弗瑞斯特·玛氏去世了，这个家族公司留给了他的子女们。如今，玛氏家族是美国最富有的家族之一。据报道，老弗瑞斯特·玛氏每个子女的身价都达 140 亿美元。

训练有素的销售团队

在 2005—2006 年巧克力销售季，冬天某个寒冷的清晨，在北京一处分销玛氏公司和其他品牌巧克力的小型商店分销商处，一群销售员聚集在一片简易平房仓库中间，这些砖墙、波纹钢屋顶的仓库隐藏在城市高耸的办公大楼背后曲曲折折的小胡同中。销售员送货的自行车和三轮车杂乱无章地四处乱停着。

> 这群销售其他品牌巧克力的销售员的穿着很不适宜这种天气：没有手套、没有围巾、也没有帽子。他们的衣服已经磨损破旧而且脏兮兮的。多数人平时没法洗热水澡，已经好几天没有洗澡了。看上去他们好像刚从床上爬起来一样，事实上很多人确实是刚刚起床。他们手插在口袋里在院子里转圈，一边还吸着香烟，跺着脚消除脚上的凉意。
>
> 五大巧克力公司中某一家公司外国管理人员来到了，他向人们做了自我介绍。这些人已经习惯了在北京的街道上看到外国人，但在这里，一个小型的城市分销点，却很少见到。一阵短暂的沉默之后，这群人一个个走

进主要仓库听听这个陌生人要讲什么。仓库里面，在杂乱堆放的一箱箱巧克力和其他产品中间，这个主管正准备给这群小心翼翼的人们讲讲这种勉强让他们糊口的产品。主管想：告诉他们产品品质和销售特色也许会帮助他们提高销售业绩。但是还没等他开口讲话，一个年龄较长的人就说起话来，他抱怨手冻得冰凉很难往外卖产品。受他鼓舞，其他人接着就跟着发起一个又一个的牢骚，从工作时间到报酬，方方面面抱怨个不停。

与此同时，仓库的另一端展现的却是截然不同的另一幅画面。在这里，销售玛氏巧克力的销售员站在摆放得整整齐齐的玛氏巧克力箱子中间。他们是清一色的年轻人，穿着巧克力棕色的夹克（背后印有玛氏德芙品牌的标记）、相配套的裤子，还戴着手套。他们站成笔直的一排，正在耐心地等着取自己当天要卖到这个城市的小商店和售货亭里的产品。每个人都搬着两个铁箱，箱子的一边印有德芙标签、上面还有钩子可以挂到自行车上，一边一个来保持平衡。装满箱子、把箱子装到自行车上之后，他们就集中到院子里，等小队的领导做最后的简要指示。然后他们就出发了，像航空母舰上起飞的喷气式飞机一样一个接一个地消失在城市的交通洪流中。

尽管这两队销售人员都为同一个分销商工作，玛氏公司却争取到了一支忠心耿耿的销售团队来销售自己的产品。玛氏公司和遍布这个中国一线城市众多的小型商店分销商共同分担制服、自行车和手套的费用。通过猛烈的电视广告攻势，玛氏公司的德芙品牌巧克力成为中国巧克力市场上随处可见的主导产品，其高销量也有理由让分销商多垫付点开支，单独为忠心耿耿的玛氏骨干销售员提供全套装备。是从这样装配精良的“童子军”手里买德芙巧克力呢？还是从散发着烟味的可怜人那里买另一个品牌的巧克力呢？鉴于要在两者中做出选择，难怪玛氏会翻着番地创造奇迹。

品牌策略

大手笔塑造销售力量

为将自己的产品销售到小型零售商店，玛氏公司成功地投入这样一支管理井然、纪律严明的销售力量，也说明了公司在中国的巨大成功。在与竞争对手经过将近 15 年的激烈竞争之后，玛氏公司不仅赢得了主导性的市场份额，而且凭借德芙品牌在中国的巧克力市场上独占鳌头，这样它就在巧克力战争中取得了决定性的胜利。

截至 2004 年，玛氏德芙品牌巧克力以大约 39% 的市场份额（其中礼品巧克力占了总销售额的三分之一）成为中国零售巧克力市场的领军人物。公司中国组织的同事扩大到 2 000 多人，在 2003—2005 年期间，玛氏产品在中国的总销量翻了一番，仅 2005 年一年销量就增长了 59%，确实令人震惊。在世界其他地方，玛氏产品的增长量和市场份额都比不过中国。尽管其他几大巧克力巨头在这个新兴的巧克力市场上原本有同样的机会，但是它们却都没有像玛氏一样，找到成功的要素。

玛氏家族的全球扩张

与偏安于美国市场的主要竞争对手米尔顿·好时不同，老弗瑞斯特·玛氏对家族企业有着全球规划。1932年，老弗瑞斯特搬到英格兰后，开始了他的一系列国际商业冒险。怀揣着从父亲那里得来的50 000美元股票（约合2007年的750 000美元）以及在国外制造银河棒巧克力的授权，他在斯劳镇（Slough）创立了玛氏有限公司，开始在那里生产银河棒巧克力，不过在英国和欧洲市场它更名为"玛氏棒"。玛氏公司从一个无名小卒逐渐成长为一家真正的全球公司，公司大多数的销售量都在美洲之外：欧洲和中东的销量占了50%、亚太及澳大利亚地区占了10%。据玛氏公司称，它已经在世界各地设立了150多个机构，产品的销售遍及180多个国家。

玛氏公司之所以能在中国取得巨大胜利，是由于它在全球市场上的经验和积极进行全球扩张的倾向起了重要的作用。在玛氏公司声名显赫的历史中，代表着未来最具希望的市场在过去和现在，都是中国这个拥有数目巨大的新兴巧克力消费者的市场。

恪守"顾客至上"，完胜中国市场

尽管中国潜在机遇的绝对规模吸引了玛氏公司野心勃勃的所有者和管理者，但是他们明白自己的中国使命，就是在十几亿初次购买巧克力的消费者中间确立自己的巧克力品牌。而且，他们也明白，获得这一成功需要长期坚持不懈的努力。

不过玛氏公司当时并没有针对中国的正式策略，因为它没有从根本上把这里看做是独一无二的市场。相反，**玛氏公司的管理人员认为，中国市场除了具有三个独特的显著特征（高度复杂、极度活跃、地理范围极为广阔）之外和其他市场相差不大。**

中国市场的复杂性，要求公司高度关注境内组织的建立和发展、产品的实地分销、店内广告推销以及营销活动。这个国家日新月异的变化以及基础设施惊人的发展速度，将是推动公司销量增长的动力。要做到这一点，就要在机遇出现的时候积极争取，要抓住机遇就要紧跟中国配备空调的供应链以及零售商店发展的步伐。尽管中国辽阔的地理面积和滞后的分销基础设施综合在一起确实令人生畏，但是玛氏公司却意识到，巧克力销售的可能机遇首先会集中在主要的沿海城市，这样地域上带来的挑战就更容易掌控。

玛氏公司对其他巧克力巨头竞争者的动态保持关注。**在玛氏进入中国市场时，就采取了一个简单的商业模式：哪里消费者经济增长就到哪里**。而且最重要的是，在满足中国新兴的巧克力消费者的需要和期望时，要恪守公司“顾客至上”的座右铭。

• 最成功之作：德芙“丝般感受” •

1990 年，玛氏公司在北京建立了第一家办事处，这一年北京举办了一个重要的赛事——亚运会。玛氏具有赞助重要赛事的悠久历史，公司延续了赞助

1984 年奥运会的做法，M&M 品牌被指定为 1990 年亚运会的官方零食。在进军中国的第一个据点北京，M&M 是最佳选择，因为这种巧克力糖“只溶在口，不溶在手”的特点使其非常适应中国落后的冷藏供应链。但是，事实很快证明，M&M 是一步错棋。由于 M&M 和卡通形象的关联，以及其色彩缤纷的糖衣外壳，中国人把它看作“孩子的糖果”，几乎无法将之与外国巧克力品牌已经形成的价格高昂、具有神秘的异域风情的形象联系起来。

玛氏公司的最新产品德芙巧克力与 M&M 这种“趣味糖果”的形象截然不同，它保证品尝巧克力是一种更丰富更愉悦的体验，而这一点恰恰迎合了消费者对外国巧克力品牌的期望。玛氏公司很快就将重心转移到德芙巧克力上来。

这个决定至关重要，因为玛氏公司之所以登上中国巧克力市场的主导地位，主要是其德芙巧克力大获成功。**德芙巧克力的成功要归功于三个主要因素：保持了良好的性价比、让巧克力消费者产生极大共鸣、通过产品的广泛扩散在中国巧克力市场上推动产品的影响。**相比其他几家巧克力公司，玛氏在这三个方面表现得更为突出。

品牌策略

高定价，高品质

1993 年，玛氏公司在北京郊区创立了第一家工厂，从此开始在中国生产德芙巧克力。中国德芙巧克力的配方和世界其他地方的德芙配方别无二致。与雀巢公司不同，玛氏公司拒绝为了降低成本以及零售价格使用合成巧克力。玛氏公司决定在中国推行不折不扣的高品质产品。结果，为享受一块 47 克的德芙巧克力块，消费者需要花 6 元人民币，这对当时的中国消费者而言是很贵的。但是相对较高的价格更明显地向消费者传达出产品具有的价值，他们认为高品质的外国品牌巧克力价格就应该偏高。

多花点钱也是充分享受的一部分，而且富含可可脂的德芙巧克力也不会让人失望。占据中国巧克力市场高端部分的，是份额极小的来自瑞士的瑞士莲巧克力（Lindt）和德国的瑞特运动巧克力（Ritter Sport），这两种巧克力每克的价格是德芙巧克力的两倍。占据市场最底端的是本土的合成巧克力，其每克的价格是德芙的三分之一。这样，**德芙巧克力就舒适地处在两者之间，传达出一种信息：体验这种高贵巧克力的价格中国大量能接近巧克力的消费者都能支付得起**。在中国新兴消费者心目中达到了最佳性价比平衡的德芙巧克力迅速崛起，成为 20 世纪 90 年代中期中国巧克力市场的领导者。它的成功，在很大程度上为主流的外国巧克力品牌定下了市场价位。作为其竞争对手的其他巧克力公司，如吉百利和好时，也将德芙巧克力作为自己制定价格策略的基准。

从 1993 年推入中国市场开始，德芙巧克力包装的主打色都是夺目的巧克力棕色，映衬着金箔底色，上面装饰着浓郁流动的巧克力形象以及用中英文拼写的品牌名称。不过英文名称更为显眼，从而强调了它的外国出身。德芙巧克力在玛氏美国国内市场的广告语"丝般感受"也恰好符合了中国市场的需求。**广告语强**

调了消费者对巧克力的主要期待：一种心满意足、纵情品尝的体验。

这一信息主要通过电视广告传达给了消费者，广告中人们愉悦地沉浸在产品带来的美妙感受之中。事实证明，比起好时公司早期的“百年米尔顿·好时”更直白的提供信息方式，以及吉百利公司“每200克纯牛奶巧克力包含一杯半纯牛奶”实事求是的诉说，德芙这种方式更能有效地把品牌与巧克力的神秘性联系起来。

商战角力

CHOCOLATE FORTUNES The Battle for the Hearts, Minds, and Wallets of China's Consumers

> 流动的巧克力棕色的丝绸形象又强化了德芙的“丝般感受”信息，它被应用到玛氏所有的客户沟通方式中去：从平面广告到电视广告、到产品包装、到销售现场的资料。最重要的是，从这一产品在中国发布之日起，玛氏公司就一直将“丝般感受”作为德芙巧克力的核心信息，锲而不舍、持之以恒。
>
> 在广告的一致性和连贯性上，只有费列罗公司能和玛氏抗衡，不过它的投资要少得多。费列罗公司坚持不懈地为费列罗榛果威化巧克力打广告，既有电视广告也有平面广告，甚至连续很多年都在电视上播放同一个“大使”广告。
>
> 而另一方面，其他几家巧克力巨头却没有在消费者沟通上投入这么多。雀巢公司在20世纪90年代后半叶取消了奇巧巧克力的广告；2004年，好时广告和好时公司一起消失得无影无踪；尽管吉百利公司“一杯半纯牛奶”的广告也是持之以恒、从未间断，但是却效果不佳。

这款产品传达出高价格、高享受的产品形象后，玛氏公司很好地利用了这一声望，迅速扩展了德芙品牌的规模，使其拥有广泛多样化的产品规格，范围涵盖从重150克的巧克力排块直到仅重15克的小块零吃巧克力各种规格的块状巧克力。

• 借助巧克力礼盒打入高端市场 •

德芙最成功的延伸产品之一，就是多种多样的巧克力礼盒。20世纪90年代中期公司开始销售礼品巧克力，当时是实心巧克力，来用装饰性的锡罐或者透明的塑料盒（类似费列罗榛果威化巧克力）包装。这样的礼品巧克力每克的零售价格与费列罗榛果威化巧克力的价格不相上下。但是，让玛氏公司在中国礼品巧克力市场傲视群雄的是一系列全新的高价巧克力礼盒。1988年，玛氏公司购买了艾瑟尔[①]高价礼盒巧克力品牌，这次收购帮助公司发展到制造和销售各种具有异域风情的高价巧克力：松露巧克力、夹心巧克力、果仁巧克力。和收购德芙品牌本身一样，这些新的德芙巧克力礼盒，最终也对玛氏公司在中国的发展起一臂之力。

在2003—2004年巧克力销售季，玛氏公司推出了以艾瑟尔巧克力系列为基础改进的一系列包装精美的巧克力，它们的定价比费列罗榛果威化巧克力还要高。在有些情况下，按重量算甚至高出50%。尽管这种价格远远超出了一般中国巧克力消费者愿意支付的水平，但是在中国，它们依然有自己的市场。今天，德芙品牌在巧克力种类和价格方面涵盖的范围最广，因此和其他几个巧克力公司相比，它在中国的市场覆盖率也最大。

---

① 1981年，80岁高龄的老弗瑞斯特·玛氏开始了一项高价礼盒巧克力业务。为纪念他的母亲，这家公司被命名为艾瑟尔巧克力（Ethel M. Chocolate）。他独立运作这家公司，直到1988年公司被玛氏有限公司收购。——作者注

• 士力架与M&M的艰苦之路 •

很显然，德芙巧克力过去和现在都是玛氏公司在中国的成功之作，但是其他两个主打产品士力架和 M&M 却都为了争取立足之地经历了艰苦的奋争。

20 世纪 90 年代早期，士力架在中国上市的时候，中国第一代巧克力消费者还只能容忍小份额的巧克力，他们不习惯巧克力的浓郁香味和甜味。多数的美国消费者则不同，这些美国消费者一次能吃掉一整块巧克力，而中国消费者一块巧克力往往要一小口一小口地吃上一两天，慢慢地去体验。在世界各地，玛氏公司都把士力架定位成一种能够迅速缓解饥饿、增加能量的零食，这也是公司在中国采取的销售策略。

> 在当时，通过大口吃巧克力、花生、牛轧和粘牙的焦糖组成的糖块来缓解饥饿的想法让中国消费者生厌。他们知道这种产品糖分很高，因而觉得吃糖块来解饿很不健康。而且，中医强调平衡是健康之道，人们对身体里一下子吸收进那么多糖分甚是担心，他们认为这过于极端。因此，玛氏公司就通过减少每份士力架的份额作为回应。与德芙巧克力相比，第一代巧克力消费者中没有多少人喜欢士力架。

20 世纪 90 年代后期和 21 世纪初，中国出现了全新一代的消费者，这就给了玛氏的士力架第二次机会。那些穿着运动鞋、滑着滑板、打着游戏机长大的青少年在各种广告的鼓动下，特别是在篮球场、滑道斜坡和其他运动场所周围的平面广告，以及将青少年、运动和士力架联系在一起的电视广告，把这种巧克力引进到自己的日常食物中来。最让人难忘的一个广告，就是一群老年人在住宅区的篮球场上下跳棋，一群穿着松垮短裤、超长衬衫、戴着棒球帽的狂妄少年占据了这个篮球场。这些孩子向下棋的老人挑战篮球赛，老人们就从中国传统长袍中掏出士力架，大咬几口，然后从竹椅上一跃而起，用混合了功夫电影特技和乔丹式的大贯篮招式大获全胜。士力架是玛氏公司在中国的线投资，尽管中国市场上没有类似产品，玛氏还是花了将近 10 年的时间进行大量广告宣传及大幅度投资，才最终使得士力架在这新一代人中销路大开。

M&M 取得成功的过程同样曲折漫长。和士力架一样，直到 21 世纪初，M&M 在中国的销量才达到一个重要的转折点。在玛氏公司给 M&M“趣味糖果”的全球定位下，卡通形象吸引了又一波更为年轻的新一代消费者：中国的“小皇帝”们。和士力架一样，标准的 M&M 包装偏大，所以公司特意采用了较小包装的小版 M&M。广告拍摄的是闻名世界的 M&M 卡通角色，这就非常贴近目标顾客。

品牌策略

耐心，再耐心

目前在中国市场上，两种产品现在都成了市场的支柱产品，它们还没有受到如好时 Reese's NutRageous（巧克力糖衣的花生和焦糖）以及雀巢聪明豆等类似产品的直接挑战。就在雀巢公司没有充足的市场支持就将巧克力块引入中国市场时，玛氏公司则耐心地坚持推广 M&M 以及士力架，为消费者提供了充足的时间，让他们的巧克力消费习惯发展到能够接受这两种产品为止。

玛氏对抗四大竞争对手

对士力架和M&M的忠贞不渝，展现了玛氏誓要取得中国市场领导地位的决心，这一决心还体现在玛氏与其竞争对手在中国战场上对抗的方式上。众所周知，玛氏公司在竞争中向来争强好胜，与其他公司争夺中国巧克力市场的主导权时当然也不例外。玛氏公司不仅灵活应对市场和竞争的发展，而且还先发制人，在几次重要战役中靠策略巧胜其他几家竞争对手，尤其是在玛氏以往默默无闻的领域。

20世纪90年代早期，在意识到德芙巧克力最贴合中国第一代巧克力消费者的期望之后，玛氏公司针对当地的市场情况进行了积极调整，将产品重心转移到当时自己从未涉足的产品领域——德芙巧克力。公司还针对市场份额巨大的礼品部分开拓自己的礼盒业务，结果礼盒占据了公司销量的很大一部分，礼盒在中国的比重可能比玛氏在世界上其他地方礼盒巧克力的比重都大。作为世界上首屈一指的生产涂淋[①]巧克力糖块的糖果公司，在中国，玛氏公司凭借其德芙巧克力系列礼盒，向费列罗公司这个高价礼盒巧克力制造商发出了挑战。

20世纪90年代晚期，好时公司的Kisses巧克力开始产生市场影响，引发了一口量大小巧克力的时尚。玛氏公司迅速做出回应，推出了一口量大小的德芙系列巧克力：用立式袋子包装的5克重的小巧克力块。这个系列几乎无法阻止好时Kisses巧克力的强烈攻势，因为Kisses巧克力独特可爱的形状深深吸引了消费

① 涂淋（enrobing）是一种浸渍巧克力的流水线加工工艺，可以将巧克力涂浸到一种或者多种混合原料之外。——作者注

者。但是，随着2004年好时中国组织轰然倒塌，Kisses巧克力在之后的两个巧克力销售季完全退出了中国市场。德芙袋装的一口量巧克力系列恰好就填补了这个空白。

玛氏还积极利用吉百利中国公司早期在中国制造的纯牛奶巧克力口味上的失误，为守护自己在巧克力排块零售货架上的收获顽强战斗，有效地削弱了吉百利公司试图恢复巧克力排块业务的努力。

玛氏预见到20世纪90年代后期，可能会与其全球竞争对手雀巢公司及其主打品牌雀巢甘脆陷入残酷的竞争，于是先发制人，立刻推出了德芙脆香米巧克力。脆香米和雀巢甘脆一样，是一款含糯米的牛奶巧克力棒，其包装的主打色彩是红色（与雀巢中国的所有巧克力和巧克力糖衣威化系列产品类似），而脆香米标志性的宝蓝色镶边，与雀巢甘脆全球通用的蓝色包装也不尽相同。但是雀巢公司从未将这个国际配方和甘脆棒引进到中国。相反，它只是推出了一款合成巧克力版的产品，采取的也是无法长久的商业模式，没有将这一产品与其他糖果系列产品在包装上加以区分，也没有进行广告和促销投资，所以无法让人们认可这个中国版本的产品。由于这种雀巢棒最终撤出了中国市场，德芙脆香米巧克力成了为迎接一场从未到来的持久战打造的防护墙。由于雀巢的失误，德芙脆香米在巧克力市场的这个小领域成了赢家，它已经从单块的巧克力棒发展一口量大小的糖块。这一袋袋包装起来或者盛在装饰精美的礼品罐里的脆香米。目前尚没有产品与之抗衡，它成了玛氏在中国战绩相当突出的热销产品。

品牌策略

把决心化为行动

在中国巧克力战争的每一次对决中，玛氏公司都和五大巧克力公司中的其他几家公司一一过招，它获取全面胜利的决心已经远远超出了它推出的产品。在公司业务的其他重要方面，玛氏的工作开展得也积极、连贯、卓越，显著地表明了公司获胜的意愿。

公司年复一年地在广告及店内促销花费上超越竞争对手；零售货架上推销得最好的总是玛氏公司的产品，让消费者有更广泛的选择范围同时又最大程度地避免了缺货现象；其季节性的现货展示规模最大，位于店内人流密集区域；玛氏的产品一直都更为新鲜，因为公司每个巧克力销售季之后都会回收大量产品以保证消费者接触不到融化和过期的产品。这么做耗费巨资，不过公司从没有动摇过以消费者为先的承诺和做市场领袖的决心。

当之无愧的市场领袖

玛氏公司运用成功的竞争策略和熟练的技巧，赢取了中国第一代巧克力消费者的心灵，占据了他们的头脑，征服了他们的味蕾，而**隐藏在策略和技巧背后的是玛氏争取市场领袖地位的决心。**

和雀巢公司一样，在中国，玛氏利用其多样化的商业优势（巧克力和宠物食品业务）分散成本，达到经济协作（例如，在巧克力销售淡季可以趁机雇用巧克力工厂的闲散劳动力到宠物食品工厂工作）。但是，雀巢巧克力和糖果业务只占全世界雀巢产品总销量的10%，在中国这一业务也只占到6%。另外94%的销量来自更大的业务如婴儿配方奶粉、雀巢咖啡和冰激凌。然而，对玛氏公司而言，其糖果业务占到了公司产品总销量的40%多。**因此，雀巢公司可以不凭借糖果业务仍然在中国功成名就，但是对玛氏公司而言，公司必须在巧克力业务上大获全胜，因为这就是它在中国的主要使命。**

尽管好时公司主要是一家巧克力公司，但它对拓展国际业务总是充满矛盾，从一开始公司对中国就没有什么野心。事实上，2004年，好时全面撤出中国正是显示了它无非想在中国市场上露露脸。与之相反，吉百利公司在20世纪90年代中期来到中国时，就抱有做市场领袖的想法，为了在中国消费者中确立吉百利纯牛奶巧克力业务，公司做出的种种努力更显示出公司坚定的决心。但是吉百利公司最终还是离成功渐行渐远，因为它没有形成团结稳定、对公司中国运营活动负责的领导层。

• 对消费者充满无限热忱 •

玛氏信守对中国的承诺，表现的方式也很多，尤为突出的就是公司对消费者的热忱。玛氏认识到，**相比其他地方的消费者，自己对中国新兴消费者阶层的认识不足，所以玛氏着手去学习而不是做出种种假设。**公司管理人员把大量的时间花在了路上——他们走进了中国的大街小巷以及零售商店的巧克力货廊，因此他们不仅接触到了消费者，还接触到了最了解市场的人们：销售员和零售商。这样，玛氏就扩大了让消费者接触和体验其巧克力的机会，以此推动了业务的增长。

玛氏公司对消费者来之不易的理解使公司能够抓住旺季销售的时机，一个具体的例子就是公司在商场购物通道内设立了专用的散装混合自选区[①]。中国消费者习惯了在湿漉漉的露天市场购物，习惯了买散装桶里的东西。现代的零售商家就采用了这一传统销售技巧，在商店里设立了散装混合自选区。尽管五大巧克力公司中的其他几家公司也利用了这一技巧，但是玛氏却是这些公司中唯一一个设计，并且设立专用散装混合自选陈列区的公司。陈列区就位于巧克力货廊之内或者在其附近，专门销售德芙、M&M 及士力架产品。这种做法开始于 2003—2004 年的巧克力销售季。

各式各样的季节性货架外现货展示又加入了这种散装混合自选陈列区，这样玛氏就以符合消费者文化传统的方式满足了消费者的需求，从确立了大规模的稳定业务。

• 悉心挖掘雇员潜质 •

事实证明，在中国，玛氏还是很识时务的雇主。公司在 20 世纪 90 年代早期开始了创建中国组织的历程，玛氏面临着和其他五大巧克力公司一样的难题——当时中国缺乏具有相关教育背景且经验丰富的从业人员。玛氏公司明白，具有可靠相关业务经验的中国人微乎其微。在世界范围内，公司采用一种称为“选拔招

① 散装混合自选是将小包装的各种产品装在不同散装桶中聚集在一起销售的零售展示方式。消费者可以选择并将不同的产品混合在一起购买，一般都是按照重量销售。在现代贸易零售商店中，通常都集中在商店的一个地方，往往在食品区后面，而且包含许多公司的产品。——作者注

聘”的正规培训方式，着重根据个性特征，如总体态度、工作理念、个人价值体系等与玛氏的商业原则和公司文化密切相关的个性特征，来挑选未来员工。

在寻找有发展前途的未来领导人时，公司首先在大学水平进行选拔，然后让申请人通过一系列的心理分析测试和领导方式测试，选择有潜力的候选人接受进一步的领导方式培训，帮助他们进一步发展。和好时公司“给我讲讲这个货架”的店内面试不同（这样的面试赶走了很多自信满满且有商业头脑又渴望学习的候选人），玛氏选拔招聘的方式非常符合公司在中国聘用大量员工的需要。这样找到的具有独特天性和性格特征的候选人，经过培训和发展，正是公司建立稳固、团结组织的基础。

品牌策略

培训雇员

玛氏知道需要对多数员工从头进行培训，而且随着公司组织内人员的不断增多，这种培训和发展不仅仅是一时之需，而且是一个持续不断的过程。新进员工要经过大量广泛的培训，而且也要经常参加销售会议。由于玛氏公司深知中国人看重高等教育，2003 年，公司成立了玛氏学院（ Mars Academy ），大幅提高公司极具潜力员工的知识水平和技能。一年之后，又启动了“玛氏中国毕业生发展项目”。这两个创新项目不仅提高了玛氏中国员工的知识水平和技能而且也铺设了鼓励员工长期效力于公司的职业之路，结果就是建立起了具有团队精神的国内组织，公司井然有序的小商店自行车销售员队伍就是一个明显的例子。

在成功占据了中国现代贸易零售店（大型商场、高端连锁超市、便利店）的零售货架空间、主导起这些地方的销售量之后，玛氏公司为了加快增长和扩大市场领导权，需要扩张到一线、二线城市的大零售商店之外的区域，把分销工作进一步推进到中国数目更为众多的小型商店、夫妻店和售货亭中（这里有季节性的分销机会）。

为了实现目标，公司发展了一支自行车销售力量，一些人受雇于玛氏公司、一些人受雇于分销商，但都无一例外地将销售玛氏产品作为工作重点。无论他们是直接为玛氏公司工作还是为其分销商工作，这些骑自行车的销售员实际上都是公司的员工，他们都要参加公司的培训和发展活动，也要参加经常召开的销售会议。他们有着共同目标，是这个团结团队的一部分，无论支付薪水的是谁，他们都将玛氏的使命视为己任。截至 2005 年，玛氏公司和其分销商的销售组织共同向中国各地的大约 250 000 个销售点直接销售玛氏产品。

在员工身上累积 15 年的投资和付出终有收获，玛氏培养出了一批能够应对公司关键领导职务挑战的中国员工骨干。截至 2006 年，玛氏公司在中国的外派经理不到 10 人，剩余的 2 000 多名员工完全都是中国本地人。事实上，公司很好地利用了中国人与生俱来的技能及其中国文化的一部分——组织和动员大批人员的卓越技巧。无论是进行全国性的员工培训还是组建一支支自行车销售团队，玛氏公司都受益匪浅。

玛氏在中国就地取材的开放做法保证了公司在15年的大幅增长和变化过程中能够有效控制各项运营活动。与吉百利公司不同，玛氏公司没有一开始就试图自己管理销售和分销，相反它将这些工作托付给一个主要的全国分销商。有了这个主要分销商来管理复杂的分销和收款事宜，公司就能集中精力在消费者中树立自己的品牌，促进生产活动的创立和运转，建立及培训自己的组织。直到20世纪90年代末期，当市场条件和玛氏自己的能力达到工作要求了，它才将销售和分销工作揽入自己手中。

家族企业的优势：稳定的领导层和财政投入

作为一家私有企业，玛氏公司比吉百利、好时、雀巢这些上市公司具有更大的优势。尽管上市公司总体而言比私有企业更具优势，如在募集资金方面能力更强。然而，**具体到玛氏公司和中国，上市公司在所有者模式方面却有两个明显的劣势：无法保证领导层的连贯性，以及保证长期财政投入的决心。**

1969年，老弗瑞斯特·玛氏退休时，他的三个子女共同掌管了公司。在此后的将近40年里，公司的领导层一直保持稳定。因此，公司里那些把取得中国市场领导地位确立为未来远景，并且同意完成这一长远商业计划目标的人们也看到自己的规划结出了硕果。《财富》杂志评出的世界500强企业的首席执行官平均在位的时间是6年，上市公司向来很难保证领导的连贯性，而要应对像建立中国巧克力市场这样的长期挑战需要的恰恰正是这种连贯性。

从这个方面来看，玛氏公司和像五大巧克力公司中的另一家家族所有企业费列罗公司极为相似，在过去的25年里，费列罗公司一直没有偏离自己在中国的规划，尽管它的远景规划限制更多因为它在中国采取的是利润丰厚的进口策略。

在为中国运营提供资金方面，玛氏也并非处于劣势。这是因为，除了掌管公司的玛氏家族是美国最富有的家族之一，而且多数情况下，玛氏公司是依靠自己的资金才发展成世界上最大的糖果公司之一（同时也是最大的宠物食品公司），避免了过分依赖举债进行经营的公司所承受的短期回报压力。**玛氏中国公司在2005年开始盈利，也就是在公司创建北京巧克力工厂12年之后。**上市公司很少有这样等待市场盈利的耐心。相反，上市公司的经理承受着为满足股票所有者而要求短期回报的压力，这种压力经常迫使他们不得不牺牲长远战略决定并做出妥协。

商战角力

CHOCOLATE FORTUNES The Battle for the Hearts, Minds, and Wallets of China's Consumers

在中国巧克力战争中就有一个例子可以很好地说明这个问题，那就是雀巢。雀巢决定要在天津工厂建厂三年之内，从中挤出利润。要求短期利润回报也是雀巢公司最终没能在中国稳固巧克力业务（奇巧巧克力除外）的催化剂。因为由此产生的“投资对抗销售增长”矛盾，使雀巢公司无力在主流巧克力市场进行增强企业竞争力的长期投资。

> 玛氏公司则不同。玛氏家族容忍了公司在中国的连续损失，在过去的 15 年里对中国市场一直矢志不渝，它留给后人的遗产就是这个即将成为世界上最大的消费者市场的市场主导权。如果在玛氏家族下一代人眼里，这一遗产也是中国使命背后的最终动机。那么，对玛氏家族而言，比起投资上的快速回报，赢取巧克力战争胜利的意义则更为重大。

毫不动摇的承诺，让成功成为必然

德芙巧克力是一种全新的巧克力产品，它却第一个产生了重大影响，并且树立了中国个人消费的巧克力市场最早的印象之一，这确实非常具有讽刺意味。然而，在一个全新的巧克力市场，消费者并不看重产品的门第出身。事实上，费列罗公司在 20 世纪 80 年代的中国礼品巧克力市场上也起了同样的作用，它带来的也是当时全新的费列罗榛果威化巧克力礼盒。

新兴的中国消费者希望纵情享受这种具有异域风味的外国稀罕食品——巧克力。在五大巧克力公司中，玛氏公司行之有效地满足了他们的愿望并且毫不辜负他们的期待。在过去的 15 年里，玛氏持之以恒，胜利完成了主宰中国巧克力市场的使命。而且，就在吉百利公司于 2002 年重新推出了新配方的纯牛奶巧克力，试图与德芙巧克力的口味和质感进行抗衡时，这不仅仅是一种恭维性的模仿，而且也在事实上承认了，玛氏公司已经成功地将德芙巧克力打造成中国人偏爱的巧克力口味这一事实。

玛氏公司之所以能够赢得中国巧克力战争的胜利，正是由于它拥有对中国消费者毫不动摇的承诺，以及成为市场领袖的坚定不移的决心。这场胜利赢的巧妙也赢的理所当然。在未来几十年里，随着10亿中国人慢慢变成可接近的巧克力消费者，毫无疑问，玛氏会收获因在早期市场占据领导地位带来的累累硕果。

玛氏SWOT分析

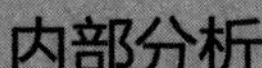 内部分析 外部分析	 S 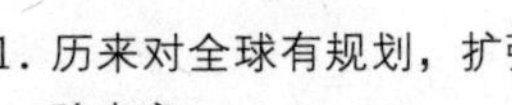 1. 历来对全球有规划，扩张经验丰富； 2. 具备高价格，高享受的产品形象； 3. 善于挖掘培养本土人才； 4. 资金雄厚。	 W 1. 家族企业； 2. 价格偏高； 3. 金牌产品 M&M 和士力架受欢迎程度不如预期。
 O 1. 改革开放初期，中国消费者对新鲜事物的渴求； 2. 人口众多，潜在巧克力消费者群体可观； 3. 吉百利出现口味缺陷和分销失误，好时也一度退出市场。	**SO战略：增长型战略** 1. 全方位大量投资广告； 2. 全部采用进口原料； 3. 供货充足，产品新鲜； 4. 店内促销工作充分、效果好； 5. 乘胜追击，抢占高端礼品市场。	**WO战略：扭转型战略** 1. 打造新品“德芙”，用“丝般感受”唤起共鸣； 2. 对工作要求严格，员工待遇也高于行业水平； 3. 拒绝降低巧克力成本及零售价格，打造高性价比形象； 4. 瞄准新一代运动型消费者，士力架绝处逢生；
 T 1. 生产环境和设施不佳； 2. 中国发展日新月异，市场容量和消费者需求难以评估； 3. 冷藏分销渠道不完善； 4. 来自其他巧克力巨头的威胁。	**ST战略：多种经营战略** 1. 强大的销售团队，小型商店分销商密集； 2. 紧跟中国配备空调的供应链； 3. 恪守“顾客至上”的承诺，跟随经济增长速度最快的地区发展业务。	**WT战略：防御型战略** 1. 德芙价格定位于高端巧克力与底层合成巧克力之间，凸显性价比； 2. 不独裁，而是保证领导层的连贯性和长期财政收入的决心。

The Battle for the Hearts, Minds, and Wallets of China's Consumers

07 中国巧克力市场的未来 一场10公里的竞走比赛

如果渗透整个中国市场是一场10公里的竞走比赛，那么到目前为止，五大巧克力公司大概只走了1公里。在中国巧克力未来的战役中，我们需要的依旧是：信守对市场长期承诺的意志，坚持到底的韧性，以及持之以恒的关注……

中国巧克力简史

2008年，中国庆祝改革开放三十周年，那时已经距离费列罗榛果威化巧克力礼盒首次被当作礼物带到中国将近有四分之一个世纪。从1978年邓小平重整中国支离破碎的经济体系开始，改革把这个国家从经济上孤立无助的困境中拯救出来，变成了世界经济体系中独立的经济大国。中国的GDP增长了69倍，平均每年以10%的惊人速度进行攀升。2010年，中国已经成为仅次于美国的世界上第二大经济强国。

这一历史性的改革，使五大巧克力公司更有机会争取十几亿中国消费者，这些公司将为赢得中国消费者的青睐，以及最终主宰中国巧克力市场继续挑战。不过，为了在高深莫测的中国市场找到自己的成功之路，这五大巧克力公司同时也向自己提出了挑战。

在赢取中国巧克力消费者心灵、占据其头脑、征服其味蕾的战斗中，有两个产品——费列罗榛果威化巧克力礼盒和玛氏公司的德芙巧克力，留下了最早也是意义最为重大的第一印象。这两个产品之所以能够成功，在很大程度上都是因为它们恪守了一条承诺——巧克力是一种享受是散发异域风情的舶来品。通过敢为人先，费列罗榛果威化巧克力成为第一个进入中国大陆的巧克力产品，而玛氏公司则是五大巧克力公司中第一个于1993年在中国建厂的公司。它们在巧克力战争的初期就赢得了消费者的青睐，这就让它们有能力实现自己的目标：费列罗公司的目标是建立利润丰厚的进口贸易，而玛氏公司则打算将德芙巧克力打造成中国第一代巧克力消费者偏爱的巧克力口味。

但是，五大巧克力公司中的其他成员却没那么走运，因为它们不是以这种方式就是以那种方式偏离了中国消费者迫切的需要。

2004 年，好时中国境内组织垮台后，公司撤回了深受中国消费者喜爱的 Kisses 巧克力。好时公司伤害了他们的心灵。

1998 年，雀巢转而生产与自己最好的巧克力产品相去甚远的合成巧克力。这种品质的产品只是符合了中国消费者对本土公司的期望值，但绝不是对一个口碑很高的跨国公司的期待。雀巢公司低估了他们的头脑。

吉百利公司一开始让中国消费者品尝的是口感浓郁的澳大利亚生产进口的纯牛奶巧克力，然后在 1995 年却漫不经心地用本地奶酪口味的产品取而代之。吉百利公司就这样冒犯了他们的味蕾。

尽管玛氏公司已经崛起，成为中国首屈一指的巧克力公司，但是五大巧克力公司还处在探索中国巧克力销售潜力的初级阶段。事实上，中国 13 亿人口中能很方便地接近巧克力的消费者只有 3 亿。

鉴于这些公司极为肤浅的市场渗透度，过去的四分之一个世纪只是正在进行的巧克力战争宣布开战的鸣炮声。如果渗透整个中国市场是一场 10 公里的竞走比赛，到目前为止，五大巧克力公司大概只走了 1 公里。中国飞速进行的经济改革具有的不可预见性，而消费者群体每年都不断涌现的数以百万计的新兴消费者，这场巧克力竞赛剩余 9 公里赛程的结果依然无法肯定。

截至 2008 年，中国巧克力零售销量的年增长额从以前的 15% ～ 20% 降低到 10% ～ 15% 之间，不过基数比以前大多了。尽管中国现在巧克力的年度零售销量接近 10 亿美元，相比而言，这个市场依然不大，只占全世界巧克力总销量的不到 2%。

2008 年是中国历史性的一年，这一年里喜悦和痛苦交织在一起。就在之后获得巨大成功的夏季奥运会举办前 3 个月，四川发生了地震，据估计约 7 万人在地震中丧生。此外，中国也遭受了世界金融危机的重创，GDP 增长降低到 9%。这是在过去的 6 年里中国 GDP 增幅第二次降到一位数，也是 2001 年以来最低的一年。在中国旷日持久的巧克力战争中，2008 年也是重要的一年。

费列罗：继续分销的黄金模式

尽管 2008 年中国经济面临重重挑战，这一年却是费列罗公司在中国的又一个丰收年，那一年费列罗榛果威化巧克力礼盒销量的增长略微超过了巧克力市场总增长幅度。这种意大利制造的精美金色球形糖果魅力依旧。2008—2009 年巧克力销售季，在中国的零售商店里，费列罗榛果威化巧克力礼盒依然堆得很高，在馈赠礼品的高峰期，也就是中国传统新年到来之前，公司继续在广告和店内促销方面大力投资。但是，规模巨大的个人消费市场对费列罗巧克力而言，依然难以捉摸，尽管它也做过尝试。人们可以在一线城市的多数现代贸易销售点，看到费列罗三粒装或者五粒装的个人消费巧克力在冲动购买区出售。但是对绝大多数的中国人而言，费列罗榛果威化巧克力仍然主要是馈赠他人的礼物。

金莎巧克力，也就是费列罗榛果威化巧克力的仿冒品依然没有退出市场，不过在一线城市里它已经慢慢地衰落下来。因为那里的营销和分销成本持续上升而其较低的价格对这些城市里较富裕的消费者而言吸引力也越来越小。不过，它还是继续坚守二线城市的战场。在那里，价格上的大幅差别对消费者而言，还有着很重要的影响。

尽管费列罗一直通过招聘更多营销和销售支持人员来扩大中国境内的组织，但是还是它主要通过一个全国分销商来分销自己的产品，公司也没表现出计划在中国生产产品的迹象。看上去，费列罗公司的领导层仍一心坚持其在中国确立的利润丰厚的进口贸易的模式，这种贸易模式在之前那些年对公司而言是成功之选。

吉百利：奶源污染，殃及巧克力

2008 年 9 月，中国政府报道，由于饮用了掺有三聚氰胺的牛奶和婴儿配方奶粉，大约 50 000 人因此致病，将近 13 000 人住院，4 名婴儿死亡。[1]用掺有三聚氰胺的牛奶生产的众多产品，从饼干到牛奶巧克力，都受到了污染。

2008 年 9 月 29 日，吉百利公司宣布召回在中国生产的纯牛奶巧克力，因为这款产品检验出含有微量的三聚氰胺。公司在声明中解释道：这些检验“对公司在中国生产的一系列产品整体产生怀疑。”看上去，**吉百利公司固执己见用当地纯牛奶奶源生产加工产品的做法，又一次掉过头来狠狠地咬了公司一口。**就在做出这一声明的几天之内，吉百利纯牛奶巧克力从中国的零售货架上全部撤了下来。

商战角力

CHOCOLATE FORTUNES The Battle for the Hearts, Minds, and Wallets of China's Consumers

从 2008 年 10 月开始直到 11 月，玛氏公司展开猛烈攻势，在零售货架上吉百利空出的地方摆满了德芙巧克力、士力架和 M&M 巧克力豆。但到了 11 月底，进口的吉百利巧克力又出现在货架外展示区，摆放到了巧克力货廊的零售货架上。截至 12 月中旬，商店里重新出现了中国制造的吉百利纯牛奶巧克力（生产日期是 2008 年 9 月之后），上面都贴有黄色缎带形标签，写着“奶源保证，安心食用”。

吉百利公司能够从这样一个影响范围巨大的灾难中有条不紊地迅速振作起

① 数据引自 2009 年 2 月 22 日新华社。——作者注

来，实在难能可贵。这次灾难在巧克力行业实际上单单影响了吉百利公司，五大巧克力公司的其他几家都没有因担心三聚氰胺污染而在中国召回产品。20 世纪 90 年代下半叶，吉百利公司应对纯牛奶巧克力的口味危机，采取的解决方案显示出，公司具有在必要时成功进行产品调整的技术手段。同样的技巧也帮助公司安全走出三聚氰胺危机。但是只有时间才能说明，2008 年三聚氰胺危机后吉百利巧克力业务能否完全恢复。

好时：重返中国，主打Kisses

好时公司在 2004 年初期突然几乎全部撤出中国市场，现在它又重新加入到中国巧克力战争中来。2007 年 5 月，好时公司出资 3 900 百万美元与韩国乐天糖果有限公司共同创建了一家合资公司，使用上海金山的共用生产设备合伙生产巧克力，供应中国、韩国、日本和东南亚市场。2008—2009 年巧克力销售季，中国制造的好时巧克力排块、Kisses、趣滋以及好时特浓黑巧克力从此又在中国一线城市的现代零售商店闪亮登场。但是，对好时公司而言，这一次可能又是在重蹈覆辙——在没有获得足够消费者基础做后盾的情况下就确立生产能力。公司以前走的就是这条路。在 20 世纪 80 年代，好时公司就在欧洲根据所谓的“百衲被策略”进行生产投资。至于中国是否有所不同，还要在未来的几年才能揭晓。

尽管好时公司重新投入中国市场的种种努力令人印象深刻，但是这一次的时机却很不凑巧。好时公司偶然发现其一口量的 Kisses 巧克力极具商机，并且在

20世纪90年代后期有效地利用了那次机会。但是之后，中国的巧克力消费者和巧克力市场已经有了大幅度地发展，现在一口量巧克力产品的份额在中国巧克力市场上已经相对稳定，Kisses无法再在消费者中产生曾经带来的轰动影响。一线城市经常购买巧克力的消费者已经确立了他们的口味偏好，他们大多数都喜欢德芙巧克力，所以要怂恿这些消费者改换品牌相当不易。此外，提供给消费者巧克力产品的种类也显著地扩大了，从新增的德芙夹心巧克力到多得过剩的各式进口巧克力，它们来自世界各地的小型巧克力公司，这些公司都试图在中国飞速增长的巧克力市场上分一杯羹。好时产品种类相对有限，这就意味着公司必须努力奋斗才能让消费者在更加纷杂多样的巧克力货架上看到自己的产品。

把合资工厂生产的产品出口到亚太地区，也许是防止中国市场进展缓慢的可靠防护策略，但是好时公司却没有赶上好时候。三聚氰胺危机使得这个地区的消费者对来自中国的所有食品都保持警惕，不仅仅是巧克力。尽管好时巧克力中没有使用中国产的牛奶（公司宣称从来没有购买过中国生产的牛奶），但是要把金山厂区生产的产品销售到国外，公司还需要打一场硬仗。

> 不过，好时新的中国策略中最大的风险可能还和以前一样，那就是公司长久以来无法对国际市场进行持续投资、有所斩获。尽管在过去的两年里，好时公司已经重新振作起来，继续进行国际探索，比如成立了乐天中国合资企业，在印度与高德雷吉饮料食品公司（Godrej Beverages and Foods）合作成立了另一家合资企业，但是接踵而至的全球经济危机将会前所未有地考验好时公司进行国外探险的决心。公司将近90%的业务依然苦苦依赖美国消费者这个事实，意味着公司或许会在重压之下会撤回长期投资，尤其是在国际市场上的投资，全力以赴围绕美国国内的核心业务展开运营。

2004 年，好时中国公司在倒闭之前，它在上海巧克力市场上占据第二大市场份额，在分销其产品的其他 30 多个城市中也是一个日益上升的品牌。公司之所以能做到这一点，是因为它坚持不懈地致力于在消费者中确立自己的品牌，同时在一个不到 200 人的重新包装仓库包装自己的进口产品。若说在过去的四分之一世纪里，中国巧克力战争的第一场战役带给世人什么教训，**那就是决定成功的不是公司在生产投资上的规模，而是公司对市场及消费者投入的程度**。新建立了中国境内生产机构之后，好时公司对未来的规划就是要成为中国第二大巧克力公司，截至 2010 年市场份额要达到 23%。这确实是一个野心勃勃的计划，让我们拭目以待，看看，好时巧克力公司是否能像弥尔顿·好时本人一样，在经历过三次创建糖果公司的失败后，最终成功地建立起自己的巧克力帝国。

雀巢：业务重心不在巧克力

2007 年，雀巢中国公司的总裁汉斯·克鲁格退休，公司在 2008 年迎来了新的领导人，但是在指导公司的巧克力和糖果业务方面没有什么大突破或主要进展。一度陷入雀巢威化的阴影而丧失个性的奇巧巧克力（部分原因是它们雷同的包装），最终按照其国际通用标准重折进行包装。现在产品标识上的“奇巧”品牌比“雀巢”品牌要显眼得多。但是，这个品牌还在中国巧克力消费者中苦苦挣扎，试图突破年销售量 2 000 吨的大关。

经过令人瞩目的 10 年运营，雀巢威化销售趋向平稳，部分原因在于 2008 年整体的经济衰退，还有一个原因在于来自卡夫等公司与日俱增的直接竞争。

商战角力

CHOCOLATE FORTUNES The Battle for the Hearts, Minds, and Wallets of China's Consumers

> 2006年，卡夫食品公司在中国推出了奥利奥饼干的变形品种奥利奥巧克力威化。奥利奥威化是专门为中国市场度身定做的产品，与雀巢威化类似。但是，为了符合“奥利奥”这个名字，它中间还增加了一层香草奶油。尽管它的价格比雀巢威化价格高很多，但是它却大幅地阻止了雀巢威化在其领域的无限制增长。雀巢公司用一个新的电视广告作为回应，但是它到底能不能有效地重新推动产品销量的增长，人们还要继续观望。

尽管2008—2009年巧克力销售季是中国巧克力界的重要一年，但在这个销售季里，雀巢在中国核心巧克力市场依然是无所作为：全是一口量大小成袋包装或者做成礼盒的可可脂巧克力块。随着雀巢威化和奇巧巧克力业务达到了销售瓶颈，可可脂巧克力块几乎无法在零售货架上崭露头角，雀巢公司的巧克力业务就像是停在高速公路路肩上的一辆汽车，看着自己的竞争对手呼啸而过，但是无法超越，尤其是玛氏公司。

玛氏：在糖果业继续扩张

相比而言，2008年是玛氏在中国相当活跃的一年。除了扩充了北京工厂的巧克力生产线以满足增长需求之外，2008年2月，公司位于嘉兴的新工厂也开始生产巧克力。玛氏嘉兴工厂的目标，就是通过每年50 000吨的输出产量最终能维持约160亿人民币的年销量。通过增加这个新工厂，公司做好了为飞速增长的销量提供充足货源的准备。

通过赞助2008年北京奥运会，玛氏显著地推动了士力架业务。作为北京奥运会的官方指定巧克力，而且是各赛场食品销售亭唯一的糖块供应商，公司围绕赛事展开了积极主动的媒体造势和营销计划，推动士力架的销量增加了75%。除了增加销量，新措施还大幅度地提升了产品的可见度及其在目标观众（十几岁的男孩子）心目中的形象，预计这会给公司带来长期的收益。

但是，到目前为止，对玛氏公司而言2008年最好的消息是公司花费230亿美元收购美国箭牌糖类有限公司。箭牌糖类公司54亿美元的口香糖和糖果业务为玛氏的巧克力和糖果业务增砖添瓦，造就了世界上首屈一指的零售糖果公司。

在中国，箭牌口香糖因为其卓越的分销被广泛誉为领军的国际产品。由于不受冷藏供应链的限制，在全国各地的多数都能购买到箭牌公司一包五片的标志性绿箭口香糖。这些消费者中包含了五大巧克力公司到目前为止仍然无法争取到的很多人。事实上，在任何一家商店——无论商店大小，甚至在中国各地任何一个火车站、汽车站的书报亭，都能看到绿箭口香糖。

在中国夜总会的浴室中，服务人员把一片片的口香糖在“赠品”托盘里摆成扇形免费奉送，餐厅也会在客人用餐结束后送上几片绿箭口香糖让他们清新口气。

和巧克力一样，口香糖最初也是因那些甘愿被西方生活方式俘获，对外国事物充满好奇心的中国人而大获成功。但与巧克力不同的是，5片口香糖仅售1元人民币的价格，意味着更多的老百姓都能买得起。**如果把渗透中国口香糖市场的进程比作一场 10 公里竞赛，箭牌公司已经跑了大约 9 公里。**

这次收购，应该对玛氏公司在中国巧克力业务的竞争有着重要的意义，因为箭牌公司在中国有着无可匹敌的分销和销售网络，至少从理论上讲，能够发挥协作效应帮助玛氏进一步推进巧克力业务。尽管这次合并令人瞩目，但是它却无法改变物理原理——巧克力还是在温度不太高的时候就会融化，对绝大多数中国消费者而言巧克力仍然是昂贵的外国产品。因此，中国的消费者不会转眼间就把德芙巧克力和遍布中国数以百万计的售货亭里何时都能买到的绿箭口香糖相提并论。

但是，箭牌公司密布各地的分销、销售运营组织给玛氏公司提供了一个很好的机会，使公司每年有机会将德芙巧克力的分销扩大到众多没安装空调的零售商店，当然是在天气允许的季节里。而且，箭牌公司在一线城市之外的城市里进行广泛销售和分销的能力，将有助于玛氏将自己的巧克力展现给这些城市里新涌现的消费者。其他好处显示的方式可能不那么明显，如共享销售、统一管理开销、共同承担分销成本带来的更大盈利，而且，在主宰中国宝贵且昂贵的零售点收银台展示区方面也增加了谈判筹码。

这两家在中国最恪尽职责、极为成功的外国糖果公司的合并，有望成为中国如火如荼的巧克力战场上的分水岭事件。事实的确如此，现在看来，其他外国巧克力公司未来只能期望与这个糖果帝国企业共同生存，竭力稳定自己有利可图的巧克力业务。五大巧克力公司中不乏信誓旦旦的竞争选手，它们也下定决心向中国出口自己的产品。很多巧克力业界的管理人员预计，随着玛氏和这些公司业务的进一步巩固，整个行业会经历一次行业大调整。但是，收购行为并非总能达到其最初的承诺或者预期，而且对中国飞速变化的消费者市场进行准确地预测向来非常困难。因此，现在就开始为玛氏的竞争对手写墓志铭还为时尚早。

金帝：本土竞争对手的威胁

在中国巧克力战争的最初25年里，尽管遭受山寨之苦的折磨，五大巧克力公司的统治地位实际上并没有受到任何本土竞争对手的挑战。但是，现在却渐渐出现了一种趋势，即中国本土的竞争对手具备了通过利用策略占据市场份额的潜力，它们采取的策略迫使跨国公司不得不在其他种类的消费品领域进行抵抗。五大巧克力公司对这一趋势的关注将与日俱增。尽管时至今日，本土竞争对手依然威胁度不高，但是，在未来的巧克力战争中，五大巧克力公司却不能再指望利用无力的本土竞争获取胜利。

虽然玛氏公司是第一家在中国依照国际标准生产巧克力的跨国公司，但它并非中国第一家。获得这一殊荣的是一家本土巧克力公司——金帝公司，据称这家公司是第一个在中国生产欧洲品质牛奶巧克力的公司。

1990年，金帝公司在深圳开办了第一家工厂，比玛氏在中国投产早三年。金帝公司由中国最大的农产品公司及食品生产商，由国有企业中粮集团有限公司创建。为了树立正统巧克力生产商的形象，让消费者能明显地将其产品视为外国产品，新公司采用了外国品牌“Le Conte”。身为中国人的金帝公司管理人员能够切身理解巧克力散发的异域神秘气息，所以他们向消费者宣称，其产品能“将欧洲大陆的浪漫气息带到中国”。而且在意识到中国消费者和巧克力有着特别深厚的情感关联，他们使用的宣传语就是“金帝巧克力，只给最爱的人！”显然极为煽情。

最初，对金帝公司而言，五大巧克力公司没有对其造成太大的竞争压力。因为当时它们的产品都是高价的进口产品，而且中粮集团在面向全国分销金帝巧克力上有一定优势，有几年金帝巧克力增长得非常迅速。但是，随着玛氏以及紧跟其后的吉百利、雀巢和好时公司纷纷开始进入中国市场，这些新鲜的外国品牌巧克力把金帝巧克力排挤到了一边。

商战角力

CHOCOLATE FORTUNES The Battle for the Hearts, Minds, and Wallets of China's Consumers

到 20 世纪 90 年代末，金帝巧克力的总经理林肯·袁（Lincoln Yuan）断定，与跨国公司的进一步竞争只能徒劳无获。于是从 1999 年开始，金帝公司与好时公司进行了一系列的收购谈判。对好时公司而言，问题在于收购金帝能否迅速用较低的成本帮助公司确立境内生产。进行中国境内生产在好时“先确立业务、再创建设备”的模式下不是首选，但可能也值得考虑。不过，在经历了一场初步调查会之后，袁经理离职了，他的继任者迅速改变了路线，公司不再寻求买家，而是不打算让这五大巧克力公司在中国轻易取胜。这种“无所不能”的精神和自信心是中国人思维模式转换的象征，也标志着 2000 年之后中国改革开放时代“突破期”的到来。

与中国传统的山寨模式截然不同，因为山寨模式讲求的是利用国际品牌的名气迅速大捞一笔，而金帝公司决心与主流巧克力战争中的五大巧克力公司一决高下。正是这种思路最终引导着中国本土的竞争公司成为以后五大巧克力公司某种程度上的威胁。

• 聘用贤才制造巧克力 •

金帝公司重整旗鼓与跨国公司竞争的第一步，就是聘用了一名能得利公司的退休巧克力制造技师，他在中国待了三年来提高产品的质量。**中国公司很少为外来顾问或者指导人士花这种钱，这也显示出金帝公司的坚定决心，产品发展和创新已成为重中之重。**

在 21 世纪最初几年，金帝公司推出了一系列种类多到惊人的巧克力产品，有充气巧克力块、透明盒包装的一口量巧克力、精美罐装以及高质量纸质包装或者盒装的巧克力。它还获得了许可，将迪斯尼卡通形象印制到一种针对年轻消费者的全新巧克力产品的包装上。公司还创新推出了一种全新系列的产品，将烘焙的麦片、小麦、大米碎粒裹上巧克力盛在易拉罐装的容器内。为了和竞争对手的新产品抗衡，金帝公司推出新产品的速度令人侧目。就在玛氏公司推出了榛果奶油夹心、涂淋巧克力的管状威化的同一季，金帝推出了一模一样的产品，而且也在同一个季节上市。

尽管并非所有这些新产品都经受住了时间的考验，而且金帝公司有时候表现得缺乏计划、不够专注，但是公司在产品发展上积极的付出更进一步证实了它与五大巧克力公司抗衡的决心。

在市场营销方面，金帝公司也与跨国公司进行了正面交锋。它在店内促销和展示方面加大投资力度，而且在电视广告上也投下大笔资金。**金帝公司不仅决心坚守巧克力战场，而且做好了与其国际竞争对手在同一个水平上开展竞争的准备。**但是抱着“身小能耐大”的决心，金帝有可能对称霸中国的国际巧克力公司造成威胁吗？但是，金帝和中国消费者之间不存在历史和情感上的联系。不过，对外国事物的迷恋毕竟只是一时迷恋，中国消费者对德芙这样的一流外国品牌的热衷程度依然不深，很可能他们会另寻新欢喜欢上这个土生土长的巧克力制造商。导致这种现象的主要原因可能会是价格。

● 精明的定价：专攻跨过公司软肋 ●

金帝公司的策略就是专攻跨国公司的软肋——居高不下的营运成本，及其导致的高昂零售价格。**公司计划通过更大程度地让利于消费者来赢取市场份额、可能还会进一步争夺市场领导权。**在中国巧克力竞赛的第一赛程，巧克力市场分化成两极：高价格、高品质的跨国品牌产品和质量低、成本低的本土产品。尽管在价格上有着 3∶1 的差距，大多数消费者也没有改变他们对外国品牌的坚定支持。但是，金帝公司相信，如果它能够在产品品质和口味与国际品牌不相上下的情况下，价格降低 25% ～ 30%，那么它就能在市场上打下性价比适中的阵地，就能吸引市场两级的消费者。采取这一战略，从长远来看它就能可能赢得战争的胜利。

但是，到了21世纪初，公司也得到了严厉的教训。那时它直接投入到与五大巧克力公司争夺一线城市领导权的战争中去，由于没有成功采取中间价格策略，使得公司资金大量流失。因此，公司不再在最昂贵也最具竞争力的中国一线城市进行竞争，相反，近期公司将业务发展的重点转移到迅速成长的二线城市，这里的消费者对价格更为敏感。金帝公司的策略和毛泽东的军事策略大有异曲同工之妙，在中国30年内战期间（1950年结束），毛泽东运用这一策略领导中国共产主义武装力量取得了胜利。

毛泽东的“农村包围城市”策略就是避开当时统治力量据点所在的主要城市，转而控制统治力量薄弱的农村地区。这样，通过获得农村资源以及争取到中国人数众多的农民阶层的广泛支持，毛泽东领导的武装力量不断壮大，成功地包围了当时统治力量的武装部队，将他们局限在主要城市中。毛泽东领导的武装不断发展壮大成为攻无不克的力量，最终占据了重要城市，取得了战争的胜利。

现在这一策略对中国食品饮料行业的一些公司产生了重要影响，如娃哈哈及其品牌“非常可乐”。“非常可乐”诞生于1998年，在中国农村慢慢成长起来，现在是中国第三大品牌。在中国各大城市，娃哈哈公司携“非常可乐”向“可口可乐”和“百事可乐”掀起了可乐大战。但是毛泽东的“农村包围城市”战略在中国巧克力战争中也会奏效吗？

到目前为止，答案似乎是否定的。首先，较小的城市和农村地区缺乏必需的冷藏分销及零售设施。曾经妨碍五大巧克力公司向主要城市之外扩展的基础设施所带来的挑战，现在也是金帝公司面临的挑战。其次，目前为止，较小规模城市的购物方式也没有迹象表明消费者已经准备大量消费巧克力，和一线城市的消费者想比，他们的对食物的品位实实在在地落后 10 ～ 15 年。最后，这些城市的居民可自由支配的收入要低得多，这就限制了这些地方巧克力消费的潜力。

因此，金帝公司这样的本土巧克力公司无法有效地利用“农村包围城市”策略。具有讽刺意味的是，限制五大巧克力公司在中国发展的因素——缺乏冷藏供应链、未被开发的品位以及低收入，也使得本土的竞争公司无法通过“农村包围城市”策略找到出路。不过，尽管这些因素在过去曾帮助五大巧克力公司阻挡本土的竞争力量，就由此就断言它们以后也会免受此，扰那就太掉以轻心了。因为在中国，所有事情都变化得很快。

随着过去几年取得的巨大进展，中国的分销基础设施以及优质的零售环境继续向中国的二线甚至三线城市扩展。每当这些地方新开了一家安装空调的大型商场或者超市，都会突然使成千上万的人们第一次和巧克力亲密接触。随着这种市场扩张的不断进行，即使中国将近 10 亿不易接近巧克力的消费者中，每年涌现出 2 000 万可接近巧克力的消费者，也是相当可观的。不过，要使所有的中国人都经历这一过程还需要半个世纪的时间。

为了争取到这一批批新出现的消费者，为了走在金帝公司这样积极的本土竞争对手的前面，五大巧克力公司必须将它们的产品进一步更深地推入到中国二、三线城市新建的零售商店内，并且继续采用让它们在一线城市取得成功的商店驱动的方式。但是，考虑到这些数以百计的新市场地理分布非常广泛，这个挑战将会特别复杂。正是这个将在未来几十年里不断展开的趋势决定了中国拥有一个多层次化的市场：一个人口处在截然不同的发展阶段的国家。

多方角力，推动中国向多层次化市场前进

为了将来在中国多层次化市场上生存和繁荣壮大，**五大巧克力公司需要在两条战线作战：它们需要巩固一线城市的业务，同时又要在崛起的二线城市加大资源（人力资源和财政资金）的投入。**无法继续推行一线城市的业务，意味着阵地会被跨国公司竞争对手侵吞；无法将业务推进到一线城市之外的城市，意味着把市场拱手让给金帝公司这样的本土竞争对手。当前机会和未来机会孰重孰轻？在这两者中找到最好的平衡是任何成功实施多层次化市场策略的难题，但是要想未来几十年里在中国取得成功，五大巧克力公司的任何一家都必须要走走这个钢丝。

商战角力

CHOCOLATE FORTUNES The Battle for the Hearts, Minds, and Wallets of China's Consumers

在中国一线城市积累的以往经验不一定能指导五大巧克力公司在二三线城市取得成功，但是前20年里在中国发展出来一些能力却可以结出硕果。例如，五大巧克力公司不再需要自己从头开发和培训当地全部的管理人才，中国各地都已经有了可以利用的大量有经验的管理人员。

开放的公众交流方式，包括超过3亿中国人使用的互联网，也将改变一线城市之外城市的市场阵地。今天，全国播放的电视节目让即使最边远地区的中国人也能饱览诸如北京、上海这样大城市里现代中国的生活方式，刺激他们对各种商品的欲望，其中就包括巧克力。尽管有助于加快这些城市巧克力消费者的增长，但是争取这些初次购买巧克力的消费者从根本上来讲还与以往一样。尤为显著的一点是，由于这些人的味觉还没有熟悉外国食品的味道和质感，还需要激发人们对异域特色的外国事物特有的好奇心。

想要在中国多层次化的市场上取胜，五大巧克力公司需要了解并利用自身的竞争优势，包括外国产品具备声望、产品优越性、深度管理，以及与本土竞争对手相比自身存在的天生局限性有实际的认识。很显然，**最有力的地方在于中国消费者对外国品牌的信任，这是本土竞争公司无法复制的东西。**但是这一优势也有可能会失去。雀巢公司偏离了高端市场并且购入了一系列廉价的合成巧克力之后，就在巧克力领域失去了很多可信度。

产品的优越性对跨国公司而言是另一个极具竞争力的优势。本土公司缺乏全面的巧克力专业技术，它们不得不模仿，或者在创新上超越那些已经从事巧克力生产几十年、甚至超过一个世纪的企业。例如，玛氏公司的艾瑟尔礼盒巧克力，这是品质一流的巧克力松露和奶油夹心礼盒巧克力。它在一两个销售季内就在中国大获全胜，但是在成功背后，它却在美国市场经历了多年的发展。

此外，中国经济的多层次化要求满足需求的产品也有多种程度的划分：需要不同价位的不同产品，来满足处在不同发展阶段，截然不同的消费者的各种消费需求。诸如玛氏公司就这样产品种类广泛的公司为在中国各层市场展开竞争做好了最充足准备。

例如，玛氏公司的产品种类涵盖从2.5元人民币一块的零食士力架到大约200元人民币的高档巧克力礼盒，玛氏公司能够根据消费者发展的水平选择性地进行分销，即在二线城市向新兴消费者引介份额较小的德芙巧克力块、在上海这样的大城市向见多识广的消费者推荐高价的德芙松露和奶油夹心礼盒巧克力，从而满足中国多层市场的需求。

但是，在中国这样规模巨大的市场，有效地进行这种选择性分销需要广泛的合作。公司需要根据复杂的决策矩阵制定自己的公司计划，在很多情况下需要针对不同的城市制定不同的计划，这种决策矩阵包含很多因素，如地理位置、基础设施发展情况（例如，当地居民的人均收入）以及消费者所处的巧克力发展阶段。此外，这本身就是一个动态的过程，因为随着每年成百万消费者同时在中国市场的不同层次间的流动，公司需要不断地重新确定自己的工作重点。

商战角力
CHOCOLATE FORTUNES The Battle for the Hearts, Minds, and Wallets of China's Consumers

五大巧克力公司的管理普遍更深入，尤其是在市场营销和有效零售商务管理方面。因此，这些公司能更好地利用中国飞速增长的现代零售商店。这些新增的零售商店除了提供了更多可以填满巧克力的冷藏分销点外，还可以让它们有机会综合利用自己广泛的全球零售经验。这样它们

商战角力
CHOCOLATE FORTUNES
The Battle for the Hearts, Minds, and Wallets of China's Consumers

就能将最好的全球零售实践操作引入中国，这些对中国而言都是前所未闻的，如最近的冲动推销技巧和品类管理这些将有效地在中国零售业发展过程中起着领导作用。

但是，五大巧克力公司也需要考虑到自己在中国的局限性。对运营成本较高的跨国公司而言，和本土公司比价格很不现实。通常跨国公司都要至少聘请几个总公司外派员工（花费巨资），而且支付的薪水和奖金也比本土公司高。多数跨国公司的子公司还要向总公司支付一种“内部税”用以抵销当地管理办事处（例如，监管该地区多个国家营运情况的亚太办事处）的部分开支。此外，中国的许多外资投资公司要在当地采购牛奶和蔗糖一类商品时也处于劣势，因为本土公司经常会争取到更优惠的价格，尤其是从国有企业那里。因此，由于固有的营运成本较高，跨国企业若要从价格上和本土公司竞争只会损失其长远的盈利状况，从而危害到公司的持续发展。要想在高端市场进行可靠的竞争，外国巧克力公司必须继续坚守其外国品牌的威信，令人艳羡地保卫其独特的竞争优势。

尽管未来的中国巧克力市场会展现出令人畏惧的全新挑战，但是随着每年新增的几千万可接近的消费者，五大巧克力公司将拥有更多机会来建立稳定、盈利中国业务。尽管境况将更为复杂，但想要在中国巧克力战争未来的战役中取得胜利，需要的条件和过去别无二致：信守对市场长期承诺的意志，坚持到底的耐性，以及持之以恒的关注如何满足中国新兴消费者的期待。

在1998—1999年巧克力销售季期间发生过这么一幕。一对中国夫妇在上海一家超市购物，妻子挑选日用品，丈夫推着购物车。走进巧克力货廊后，妻子挑选了一块巧克力放到购物车里。她漫步走向另一个货廊时，丈夫拿起了巧克力，翻来覆去地看着。看到价格标签时他惊呆了，于是把巧克力放回货架。妻子返回来注意到巧克力不见了，她猛地转身，对丈夫怒目而视。丈夫立刻意识到自己刚刚犯了一个大错误，怯怯地把巧克力放回购物车中。

很显然，在新千年到来之际，有一些中国人已经和世界其他地方的人们一样，开始和巧克力建立起了深厚的情感联系。将产品卖给每一个中国人，这个几个世纪的梦想从来没有这么触手可及。未来几十年里，人类对巧克力的偏爱将会扩展到中国剩余的10亿消费者身上，这一前景让巧克力战争值得继续打下去。

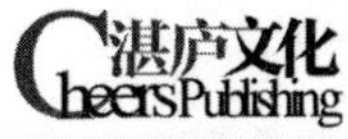

一切为了您的阅读价值

★ 您知道自己为阅读付出的最大成本是什么吗?

★ 您是否常常在读过一本书后，才发现不是自己要看的那一本?

★ 您是否常常发现很多书都是一时冲动买下，至今一字未读?

★ 您是否常常感慨书的价格太贵，两百多页，值四十多元钱吗?

阅读的最大成本

读者在选购图书的时候，往往把成本支出的焦点放在书价上，其实不然。

时间才是读者付出的最大阅读成本。

阅读的时间成本=选择花费的时间+阅读花费的时间+误读浪费的时间

选择合适的图书类别

目前市场上的**图书来源**可以分为**两大类，五小类:**

1. 引进图书: 引进图书来源于国外出版公司，多从其他语种翻译成中文出版，反映国际发展现状，但与中国的实际结合较弱，其中包括三小类:

a）教科书: 理论性较强，体系完整，但多为学科的基础知识，适合初入门的、需要系统了解一门学问的读者。

b）专业书: 理论性、专业性均较强，需要读者拥有比较深厚的专业背景，阅读的目的是加深对一门学问的理解和认识。

c）大众书: 理论性、专业性均不强，但普及性较强，贴近现实，实用可操作，适合一门学问的普通爱好者或实际操作者。

2. 本土图书: 本土图书来源于中国的作者，反映中国的发展现状，与中国的实际结合较强，但国际视野和领先性与引进版相比较弱，其中包括两小类，可通过封面的作者署名来辨别:

a）“著”作: 大多为作者亲笔写就，请读者认真阅读“作者简介”，并上网查询、验证其真实程度，一旦发现优秀的适合自己的作者，可以在今后的阅读生活中，多加留意并了解。

b）“编著”图书: 汇编了大量图书中的内容，拼凑的痕迹较明显，建议读者仔细分辨，谨慎购买。

阅读的收益

阅读图书最大的收益，来自于获取知识后，**应用于**自己的**工作和生活**，获得品质的**改善和提升**，油然而生无限的**满足感**。

我们出版的所有图书，封底和书脊都有“湛庐文化”的标志

并归于两个品牌

找“小红帽”

为了便于读者在浩如烟海的书架陈列中清楚地找到我们，我们在每本图书的书脊上部 47mm 处，全部用红色标记，称之为——小红帽。同时，“小红帽”上标注“湛庐文化”字样，小红帽下方标注所属图书品牌名称。

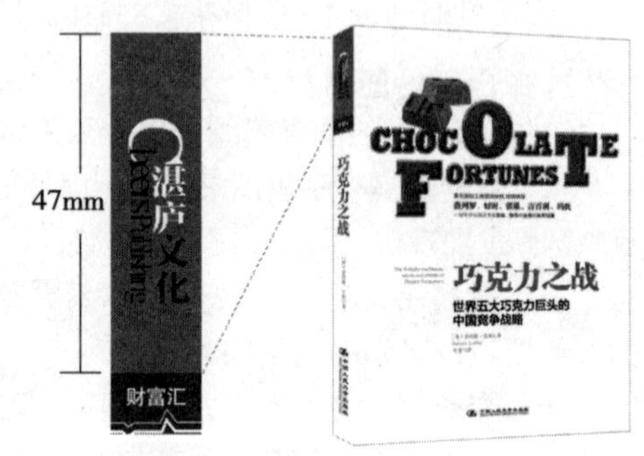

湛庐文化主力打造两个品牌：**财富汇**，致力于为商界人士提供国内外优秀的经济管理类图书；**心视界**，旨在通过心理学大师、心灵导师的专业指导为读者提供改善生活和心境的通路。

用轻型纸

您现在正在阅读的这本书所使用的是轻型纸，有白度低、质感好、韧性好、油墨吸收度高等特点。

关注阅读体验

我们目前所使用的字体、字号和行距，是在经过大量调查研究的基础上确定的，符合读者阅读感受。每页设计的字数可以在阅读疲劳周期的低谷到来之前，使读者稍作停顿，减轻读者的阅读疲劳，舒适的阅读感觉油然而生。

所有的一切都为了给您更好的阅读体验，代表着我们“十年磨一剑”的专注精神。我们希望湛庐能够成为您事业与生活中的伙伴，帮助您成就事业，拥有更为美好的生活。

湛庐文化2008-2011年获奖书目

《牛奶可乐经济学》

国家图书馆“第四届文津奖”十本获奖图书之一，唯一获奖的商业类图书。

搜狐、《第一财经日报》2008年十本最佳商业图书。

用经济学的眼光看待生活和工作，体验作为“经济学家”的美妙之处。

《大而不倒》

《金融时报》·高盛2010年度最佳商业图书入选作品。

美国《外交政策》杂志评选的全球思想家正在阅读的20本书之一。

蓝狮子·新浪2010年度十大最佳商业图书，《智囊悦读》2010年度十大最具价值经管图书。

一部金融界的《2012》，一部丹·布朗式的鸿篇巨制。

《金融之王》

《金融时报》·高盛2010年度最佳商业图书。

蓝狮子2011年度十大最佳商业图书，《第一财经日报》2011年度十大金融投资书籍。

权威透视国际金融界大佬在大萧条中的群像著作。

一部优美的人物传记，一部独特视角的经济金融史。

《富可敌国》

蓝狮子·《第一财经日报》2011年度最佳金融商业图书。

《第一财经日报》2011年度十大金融投资书籍。

源自300个小时的真实访谈，一部权威的对冲基金史。

《认知盈余》

2011年度和讯华文财经图书大奖。

看“互联网革命最伟大的思考者”克莱·舍基如何开启无组织的时间力量。

看自由时间如何成就“有闲”世界，如何引领“有闲”经济与“有闲”商业的未来。

《微力无边》

2011年度和讯华文财经图书大奖“最佳装帧设计奖”。

中国最早的社会化媒体营销研究者杜子建首部作品。

一部微博前传，半部营销后传。

《神话的力量》

《心理月刊》2011年度最佳图书奖。

在诸神与英雄的世界中发现自我，当代神话学大师约瑟夫·坎贝尔毕生精髓之作。

《facebook效应》

《金融时报》·高盛2010年度最佳商业图书入选作品。

蓝狮子·新浪2010年度十大最佳商业图书，《新智囊》2011年度最具价值十大经管图书。

首度公开facebook非凡创业的26个细节，马克·扎克伯格及40多位核心高管倾情讲述。

《真实的幸福》

《职场》2010年度最具阅读价值的10本职场书籍。

积极心理学之父马丁·塞利格曼扛鼎之作，哈佛最吸引人、最受欢迎的幸福课。

《绕着大毛球飞行》

蓝狮子·《职场》2011年度最佳职场图书。

畅销13年的职场创意手册，贺曼贺卡公司创意总监倾情之作。

延伸阅读

《需求》

◎ 《无价》之后最受关注的作品。

◎ 创造需求的6大模式，让你的顾客无法拒绝。

《自营销》

◎ 全球最具创意广告公司 CP+B 掌门人的洞见之作。

◎ 如何让好产品和好营销共舞，完美传递伟大的商业理想。

◎ 打开这本书，你就坐在国际顶级营销培训班的第一排。

《一线之间》

◎ 全球工业设计教父、苹果设计风格奠基者、青蛙公司创始人首部作品。

◎ 设计战略如何塑造未来的商业。

《至关重要的设计》

◎ “苹果人”首度以内部视角揭示苹果设计之道。

◎ 苹果前首席设计师权威讲述，伟大的设计如何俘获人心。

◎ 读懂设计，你也许就是下一个苹果。

《无畏而赢》

◎ 唯一一本以局内人视角破解奥巴马竞选团队营销内幕的权威之作。

◎ 揭秘奥巴马竞选团队背后故事，史上最精彩最浩大最不可思议的营销之战。

◎ 《纽约时报》畅销书，犀利笔法酣畅淋漓，揭破内幕让人脊背发凉，大呼过瘾。

Chocolate Fortunes: The Battle for the Hearts, Minds, and Wallets of China's Consumers.

Published by AMACOM, a division of the American Management Association, International, New York.

图书在版编目（CIP）数据

巧克力之战 /（美）艾伦著；冷迪译．—北京：中国人民大学出版社，2013
ISBN 978-7-300-15150-2

Ⅰ．①巧…　Ⅱ．①艾…　②冷…　Ⅲ．①巧克力糖—制糖工业—工业企业管理—经验—世界　Ⅳ．① F416.82

中国版本图书馆 CIP 数据核字（2012）第 007834 号

巧克力之战
【美】劳伦斯·艾伦　著
冷迪　译
Qiaokeli zhi Zhan

出版发行	中国人民大学出版社		
社　　址	北京中关村大街31号	邮政编码	100080
电　　话	010-62511242（总编室）	010-62511398（质管部）	
	010-82501766（邮购部）	010-62514148（门市部）	
	010-62515195（发行公司）	010-62515275（盗版举报）	
网　　址	http://www.crup.com.cn		
	http://www.ttrnet.com（人大教研网）		
经　　销	新华书店		
印　　刷	北京中印联印务有限公司		
规　　格	170 mm × 230 mm　16 开本	版　　次	2013 年 3 月第 1 版
印　　张	15.25　插页 3	印　　次	2013 年 3 月第 1 次印刷
字　　数	178 000	定　　价	45.90 元

湛（zhàn）卢（lú）

铸剑大师欧冶子『十年磨一剑』，炼就了『天下第一剑』湛卢剑。

——《吴越春秋》记载